誰とでも

10秒で
うちとける

話し方教室

話し方インストラクター
大畠常靖

はじめに

「初対面で何を話したらいいかわからない」

「なぜか会話が続かない」

あなたはこういった悩みをお持ちではないでしょうか。


では、なぜ会話が続かないのでしょうか。

話を続かせ、相手と良好な関係性を築くには、どうしたらいいのでしょうか。

ちょっと次の会話をご覧ください。

Aさん「週末にランニングに行ってきたよ」
Bさん「私も週末は釣りに行ったよ」
Aさん「走った後、普段の運動不足がたたってくたびれたよ」
Bさん「車で行ったのだけど、帰りが渋滞してね」
Aさん「今朝は家を出るのがギリギリだったよ」
Bさん「私も危うく寝過ごすところだった」

Aさんも Bさんも、週末の過ごし方について会話をしているつもりでしょう。しかし、お互いが自分のことばかり話していて、話を合わせようとしていません。

相手の話を受け止めないまま、自分の話ば

かりしたり、ありきたりなことを言っていると、会話は途切れてしまいます。

しかし会話は、相手の話を受け止めることから始まります。

次の会話は、いかがでしょう。

Aさん「週末にランニングに行ってきたよ」
Bさん「そう。どこへ行ってきたの？」
Aさん「皇居の周りを走ってきたんだ」
Bさん「天気がよかったから、気持ちよかったでしょう」
Aさん「そうなんだ。風を切って走ると、心が洗われる感じがしたな」
Bさん「よかったですね」

このように、まず相手の話を受け止め、相手の話を発展させるように会話をすれば、自然と会話は続きます。

「話が合わない」と悩む人は、話が合わないのではなく、合わせる努力をしていないことが多いものです。努力しても合わないのだという人も多いと思いますが、それは努力の方向性がずれているだけのこと。方向性を正せば、話はかみ合い、会話がはずむようになります。そして、人間関係の悩みが「去る」のです。

会話はいわば、「お互いの共同作業」です。

お互いがお互いを思いやって話をすることで、人間関係が作られていきます。

しかし、会話がうまくいかないと、うまくいかない原因は相手にあると考える人が多いように思います。相手が悪いと考えていると、相手が変わらない限り、いつまでも会話はうまくいきません。会話をしても不愉快になりますし、人間関係をよくしようと無理に会話をしても、悪化してしまうばかりです。

それならば自分が変わって、その影響力で相手も変わるということを考えたほうが、いい結果を生むことが多いと思います。

私はこれまで35年以上、話す・聞くことを教え続けています。話し方の研修、営業の研修、管理職の研修、新人の研修など、いろいろな研修にお呼びいただきますが、どの研修でも必ず、会話の大切さについて触れています。それは、会話は誰にとっても欠かせないものだからです。

この本は、口下手な人でも、10秒で会話が盛り上がる方法を取り上げています。

一つひとつ読むことで、会話に対する心構えが変わるでしょう。

そして、どうしたらいいかという方法論が

わかれば、会話に対する自信が生まれてきます。自信が生まれれば、会話をすることが楽しくなるのです。協力者も増え、仕事もうまくいくようになり、生きることが楽しくなるでしょう。人間関係の悩みも去っていきます。

ぜひ一人でも多くの人がこの本に書いてあることを実践し、今よりもっと会話することを楽しめるようになれば幸いです。

大畠常靖

目次

第1章

会話がはずむ人はこんな準備をしている！

第2章

誰とでも会話がはずむ話し方のコツ

第3章

もっと会話をはずませる質問力

第4章 こんなときどうする？ 場面別対応法

第5章 もっと会話を楽しくするためのコツ

ブックデザイン　五十嵐たかし（Dogs Inc.）
　　　　　　　飯富杏奈（Dogs Inc.）
イラスト　村山宇希（ぽるか）
ＤＴＰ　横内俊彦

第1章

会話がはずむ人は
こんな準備をしている！

01

「聞く」が会話の基本

まずは「相手」を一番に考えよう

会話をするときは、話すより、聞くことに重点を置くことが大切です。

たまに、「ある人といると、自分の話ができないので損をする」という人がいます。話を聞いてもらいたいがために、会話をするのだという人もいます。気持ちはわかりますが、このような考えで会話の場に臨んだら、話す前から相手に嫌われてしまいますし、だんだん会話の相手はいなくなってしまうでしょう。

自分が話したい話、他の人に聞いてもらいたい話は、他人にとっては興味がないというのはよくあることです。

あなたが話したい話より、相手が話したい話題のほうが、話に乗ってもらえる可能性があります。

ですから**まずは、相手の話を聞きます**。そして、そのあとから相手が聞いてくれば、自分の考えを挟んでいくくらいがちょうどいいのです。

自分の話より、相手が話したい話を聞こう

たとえば仕事で相手に話してもらいたいときは、すぐに仕事の話に入らず、相手の話したい話題に水を向けます。

出張先で台風に遭い、日程が大きく変わったという話を耳に挟んだら、「台風で大変だったでしょう」と話の水を向けます。「いやあ、それは大変だったよ……」と話し始めたら、「それは大変でしたね。でも天候とケンカするわけにはいきませんしね」と、話をまとめに持っていきます。そして、「ところで今日おうかがいしたのは、………」と、本題に入ります。

私が営業の仕事をしていたとき、なかなか話を聞いてくれないお客様がいました。そこで、ご自宅の庭に咲いているバラを見ながら、「バラがきれいに咲いていますね。お手入れがいいからでしょう」と声を掛けると、「今年はたいしたことないのですよ」と言いながら、バラの手入れについての苦労話をしてくれました。その後、スムーズに本題に入れたものです。このような積み重ねが、相手と親しくなるきっかけになるのです。

会話をはずませたいなら、まずは相手の話を聞こう

02 会話をはずませるための事前準備

相手を好きになると会話ははずむ

自分に興味を持ってほしいのなら、まずはあなた自身が相手に興味を持つことが早道です。会う相手が事前にわかっている場合には、その人についての情報を整理しておきます。

過去のメールやFacebookで、相手について調べるのもいいでしょう。インターネットで、会う人の名前や会社も検索して調べておきます。

私の場合、しばらくぶりに会う人であれば、名刺を確認します。名刺には以前会ったときの印象などが書いてあるからです。また、これまでにもらった年賀状も見ます。年賀状には家族関係や住所の変更、これからの抱負などが書いてあるからです。

このように、前に話したことを思い出してみるのも、大切な情報の整理になります。

・・業界紙に目を通そう

また、時間の許す限り、新聞や月刊誌、業界紙に目を通すのもひとつの手です。どの業界の、どの会社がどんな手を打っているのかをチェックするわけです。特に業界紙には、その業界の動きについて詳しく書かれているので、会う相手によっては、読んでおいて損はないでしょう。ネットで「業界紙」と検索すると、業界別の一覧を見られるようになっています。

得た情報は、その場ではすぐに活かせないかもしれません。しかし、準備することによって、いろいろな話題に対応することができるので、話す力が自然と増していきます。

黒柳徹子さんに学ぶ事前準備の極意

黒柳徹子さんが司会をする番組に、「徹子の部屋」があります。毎回、黒柳さんがその時々の話題の人を呼び、インタビューをするという番組です。２０１６年に40周年を迎えるというから驚きです。

番組中、黒柳さんの前のテーブルの上には、細長い紙が何枚も置いてあります。多いときは三枚もあります。進行表や事前に調査した情報なのでしょう。

番組に出演したお笑いタレントが他の番組で、「『新人のときに〇〇ということがあったのですってね』と聞かれるのはいいが、ネタまで言われたのにはまいってしまったよ」と嘆いていました。放送に入る前の調査・インタビューで、相当の情報を収集していることがよくわかります。

聞きたいことを聞き終わる前に番組が終わってしまい、二日続けての放送になるということもありました。このように、インタビューを行うときは、相手のことを徹底的に調べることが基本中の基本です。

：年齢は聞いておくと役に立つ

住まいの場所、職業以外に、**年齢にも注目してください。**

年齢は、毎年確実に一歳ずつ上がるため、話題選びの参考になります。

20代では興味がなくても、40代になると興味が出てくる話題もありますし、40代では興味がなくても、60代になると興味が増すものもあります。

40代の話題は、年金や親の介護、60代の話題は、孫の話や認知症の問題などが、その代表的なものです。会社に勤めている人であれば、上司の悪口や部下の愚痴が話題の中心になる場合があります。

趣味は一人ひとり異なりますので、対応するのは難しいものです。それでも、大切な人と会うときは、その人の趣味に関する雑誌をチェックすることを私は心がけています。これだけでも、会話をするときに余裕が持てます。

特に不特定多数のお客様に会うような営業職の方は、家族や仕事など、どの人にも共通して話題になりやすいものを知っておくといいでしょう。そしてそ

図1

話題づくりのための手がかり

- タ 旅の話、旅の計画
- ノ ノスタルジー(思い出)
- シ 仕事の話、出身地、出身校、趣味の話
- キ 気候、季節の話題
- ナ 仲間の話、仲間の噂話
- カ 家庭、家族の話
- ニ ニュース、ニュース性のある話題
- 衣 ファッションの話
- 食 食べ物、料理、健康
- 住 住まい、家の環境、通勤経路

の話題について、相手に話してもらうことを心がけるよう指導しています。

困ったときは、図1にある話題を参考にしてみてください。それぞれ頭文字をとって「楽しき中にも衣食住」と覚えておくといいでしょう。

事前準備は、相手に関心を
持ってもらうためのバロメーター

03 銀座の人気ホステスに学ぶ情報の集め方

相手を思い浮かべてニュースをチェックしよう

会話は、準備次第で、いかようにも会話をはずませることができます。

その点でとても参考になるのが、銀座のホステスです。

銀座のホステスというと、華やかな姿しか思い浮かびませんが、その裏では大変な努力をしています。容姿だけでなく、会話の楽しさで人を惹きつけているのです。

若さや容姿で人を惹きつけられるのは、ほんの短い期間だけです。お客様を長い期間惹きつけるためには、入念な準備と、それに裏づけられる人間的な魅力が必要なのです。

その人間的な魅力が現れるからこそ、お客様はホステスとの会話を楽しんでくれます。

ときにはホステス自身の話が酒の肴になることもあります。しかし、会話はお客様の話を引き出さなければ続きません。そのために、相手が何に興味を持っているのかをつかみ、対策を立てるなど、徹底的な準備をするわけです。


会話の相手は、地位もお金もある父親の世代。おじいさんの世代もいます。経済界の方がお客様であれば、日経新聞はもちろん、経済誌を熟読し、お客様の業界、お客様の会社がマスコミにどのように取り上げられているかなどを捉えるわけです。そして、お客様一人ひとりを思い浮かべながら、記事を読むそうです。

そうすると、お客様同士が話している話も理解できますし、適切な相づちが打てるようになります。

そのうえで、「記事にはこうありますが、どうだったのでしょうか?」と聞くと、お客様は喜んで話してくれます。こうして、相手の話したいことを引き出すのです。

相手が若い頃に流行した曲を調べる

さらにホステスは、現在のことはもちろん、**その人が育ってきた学生時代や新入社員の頃の様子も調べます**。たとえば30年前のニュース映像をＤＶＤで見て調べたり、当時ヒットした音楽なども調べておきます。ここまでしておけば、会話がはずむのも想像できるのではないでしょうか。

同年代の人がいなくて、話の合う人がいないと嘆く前に、相手のことをどれだけ知っているか、相手の置かれている状況をどれだけ理解しているか、相手がどのような楽しい思い出を持っているかなど、相手のことを知ろうとする努力が必要なのです。

ここで述べたような努力は、銀座のホステスだけでなく、営業や販売の仕事に携わっている方も実践しています。

いきなり彼女たちのようになることは難しくても、まずは、できることから始めてみてください。最初から自分は話し下手だと簡単に決めつけるのではなく、**相手に合わせて対応するよう、自分なりに努めてみるのです。**その方法については、これから少しずつ紹介していきます。

「話が合わない」と嘆く前に、相手が学生の頃に流行った曲やニュースを調べよう

04

会話の二歩、三歩先を想像する

予想外の反応にどう対応するかで会話は決まる

将棋に「三手先を読め」という言葉があります。自分が一手駒を進めると、相手はその指し手に対応して手を指します。

自分が指した手に対して、相手がどのように応じるかはわかりませんので、相手の手を予想して、次の手を考えておきます。

相手が応ずる手がいくつもある場合は、そのいくつもある手それぞれに対応する手を考えるわけです。相手が応ずる手が自分の想定内であれば、すぐに対応することができます。思いがけない手を指されたときは、また、三手先をイメージしながら打つ手を考えるわけです。

会話でも同じような準備が必要です。

自分が考えていたように相手が応じてくれれば、予定通りのやり方でいいわけです。ところが、**相手が予想しないような反応を見せたときに、どのように応ずるかが、会話の勝負なのです**。相手の応手がわかっていながら、三手目を考えていない人が多すぎるように思います。

たとえば上司に、「○○について何かいい方法はありませんか？」と聞いたところ、「自分で考えろよ」と突き放され、上司は冷たいと、愚痴をこぼしている姿をよく見かけます。このようなときに、「何か考えるヒントをいただけませんか？」と問いかけることができれば、その後の対応は変わってくるでしょう。

相手の反応が予想できるのに、それに対する策を立てていないということは、準備不足だと言われてもしかたがありません。

上司からの指示が曖昧だという悩みを持つ部下が多いのですが、それは、曖味な指示内容を確認する働きかけが足りないのです。これも、三手先の手を読む準備が不足している証拠です。

自分が何かの働きかけをしたときに、相手がどのような反応をするかを予測してください。もし、予測できないときは、相手の反応が限定できる、異なる働きかけをする必要があります。

三歩先の会話を想像すると、会話はもっとはずむ

05

興味を持たれる自己紹介を考えよう

自己紹介にはありったけの工夫を

あらかじめ自己紹介を考えておくと、いざというとき役に立つのでおすすめです。

珍しい肩書や上位の役職に就いている人であれば、それだけで興味を持たれるかもしれませんが、何も言わなければ、人は注目してくれません。そこで、自分の呼び名や風貌について話すなど、何らかの形で相手に興味を抱かせる工夫が必要になります。

「学生時代、海外旅行によく行っていました。特にアジア方面が多かったので、いろいろな情報を持っております。遠慮なく声をかけてください」

「顔が怖いとよく言われますが、趣味は料理で家庭的な面を持っています。特にサバの煮つけが得意ですので、機会があればごちそうしますよ」

このように、**相手が声をかけたくなるようなキーワードを散りばめた自己紹介を心がけます。**

ほかにも、誰か他の人の自己紹介に関連づけて話すことも効果的です。

「○○さんは、△△の出身とおっしゃいましたが、私はさらに北の××の出身です。その分戸惑いも何倍もありますが、よろしくお願いいたします」

話のきっかけができるような自己紹介を心がけてください。

**自己紹介では、相手が声をかけたくなるような
キーワードを散りばめよう**

例 山田さんは、健康的な肌艶ですね。

例 田中さんは、恰幅がいいですね。

例 鈴木さんには、貫禄がありますね！

例 佐藤さんは、すらっとしているので背が高く見えますね。

例 斉藤さんは、スリムで素敵ですね。

例 小林さんは、スタイルがいいのでモデルみたいですね。

例 内田さんのボールペンは、使いやすいうえにリーズナブルでいいですね。

例 いい掘り出し物が見つかりましたね。

例 このスーツが1万円!? すごいお値打ち品ですね。

例 木村さんの靴は、履きやすそうで、さすが高級品ですね。

例 オーダーメイドスーツは、山口さんのお立場にふさわしいですね。

例 清水さんのネクタイは、深みのある色合いで品質のよいものですね。

例 ただいま別件でバタバタしており、席をはずしておりますので、
折り返しご連絡いたします。

例 申し訳ございません。須藤は今、仕事が立てこんでおりまして、
後日こちらからお訪ねいたします。

例 いや〜、貧乏暇なしですよ。

例 遠藤さんは一ヶ月もハワイに滞在なんて、ゆとりがあっていいですね。

例 自由な時間があるようでしたら、おいでになりませんか？

例 もし、手が空いているようでしたら、お手伝いいただけますか？

会話がはずむ人がやっている **言葉の伝え方**

太った 誰でも太ったと言われるといい気はしないもの	好感度UP!	健康的な 体格（恰幅）のよい 貫禄がある
やせた やせていることのメリットを活かしてほめる	好感度UP!	すらっとした スリムな モデルみたいな
安い 安かろう、悪かろうのイメージを取り払う	好感度UP!	リーズナブルな 掘り出し物 お値打ち品
高い 値段相応に価値があることを伝える	好感度UP!	高級な ふさわしい 品質のよい
忙しい 悪気があって忙しいわけではない	好感度UP!	バタバタしている 立てこんでいる 貧乏暇なし
暇な 時間があることのメリットをアピールする	好感度UP!	ゆとりがある 自由に時間を使える 手が空く

第2章

誰とでも会話がはずむ話し方のコツ

01

相手に伝わる声の出し方

電話で口を大きく動かすだけで声は変わる

会話は、その内容も大事ですが、**声の大きさ、出し方も重要です。**

私が話し方のインストラクターになったとき、まずぶつかったのが「言葉の壁」でした。最初は、声が通らない、声が小さい、早口だと仲間から叩かれたものです。

そこで、「あえいうえおあお」という、口を大きく動かす練習を始めました。

しかし、練習では口が動くのですが、実践となるとうまくいきません。本番になると、いつもの話し方に戻ってしまうのです。

ようやくたどり着いたのが、電話で話す練習です。電話に出るときに、口を大きく動かすことを意識するわけです。

電話で、「はい、大畠でございます」と名乗るとします。

この場合、「はい」の「は」は、口を大きく開けます。歯と歯の間に指２本分入るくらい開けるわけです。「い」は、歯と歯をしっかりと合わせます。そして、唇を横に思いっ切り引っ張るのです。

「おおはた」と名前を言うときは、「は」を意識して発音します。実際に声に出すとわかりますが、「お」と発音してから「は」と発音するのは難しいのです。そして、「おおはたで」で一度区切るつもりで、「ございます」を続けます。

声は自分を守る武器にもなる

声は自己表現の大きな武器です。声が大きいと、自信があるように見えるものです。逆に、小さいと自信がないように見え、話の信憑性も薄いと思われる可能性があります。

また、大勢の前で話す機会がなくても、嫌なことをされたときに、「嫌です」、「だめです」と大きな声で言うことができれば、相手もあきらめるでしょう。**声は自分を守る武器にもなる**のです。「断れない」人は、我慢したとしても、ストレスを感じたり、貧乏くじを引いたりと、損をするものです。

ぜひ身近なものを材料にして、声を鍛えあげてください。

声は自己表現の大きな武器
声の出し方を変え、堂々と話そう

02 「わたくし」より「わたし」、「若干」より「少し」

言い方ひとつで受け取られ方は大きく変わる

会話では、かしこまった言葉づかいよりも、ざっくばらんなほうが、気持ちが伝わる可能性があります。**普段使っている言葉を使ったほうが、気持ちを表現しやすくなるからです。**

自分の呼び方にしても、「わたくし」というよりは「わたし」と言ったほうが、気持ちが乗るでしょう。場合によれば「ぼく」とか「おれ」と言ったほうが、言葉に気持ちが乗ることもあります。ただし、「ぼく」や「おれ」は嫌う人もいますので、相手によっては注意が必要です。

方言がある地方では、方言を使うと親しみが湧きます。

語尾にしても、「ございます」や「である」と話すと、堅苦しい感じがします。「です」も、正式な場での会話で使うといいでしょう。仲間と話すときは、「○○なんだよ」でいいですし、年長の方と話すのであれば、「○○なんです」という言い方も許されます。


出来事を表現するときも、漢語を使わず、和語を使うと、話がやわらかくなります。


「顧客」というよりも「お客様」。

「閑静な住宅地」というよりも「静かなお住まい」。

「穏和な人柄」というよりも「穏やかな方」。

「実用的な」というよりも「毎日使う」。

「朴訥（ぼくとつ）な」というよりも「かざり気がなく、口数が少ない」。

「身長の高い」というよりも「背の高い」。

「申しつける」というよりも「言っておく」。

「拝借する」というよりも「お借りする」。

「適宜」というよりも「適当に」。

「若干」というよりも「少し」。

というように言い換えます。

会話では、普段使っている言葉を使ったほうが気持ちが伝わる

03

会話は「不まじめ」なほうがおもしろい

時には話を盛ってみる

多くの人が、「堅苦しい話はおもしろくない」と理解しています。では、なぜおもしろく感じないのでしょうか。

まず、話の構成に驚きがないことがあります。そのため、すでに聞いたことがあるという気持ちになってしまうのです。

次に、話の展開から、話の先が読めてしまうということがあります。

さらには、内容を伝えようとするあまり、驚きやおもしろさといった、話し手の気持ちが伝わりにくくなっているのです。

おもしろい話をするためには、この逆の条件をつくり出すことが必要です。はじめて聞く話だと感じさせ、どのような展開になるか先が読めない話をし、「驚いた」「おもしろい」と、気持ちの伝わる話をすればいいのです。

まじめな人は、他の人からの批判や非難を怖れるあまり、無難な話をしがちですが、これらはおもしろくない話の代表です。

不まじめな話というのは、この対極にあります。聞いている人から笑われたり、からかわれたり、場合によると、論理的に破綻があったり、大げさであったり、嘘が入ってしまったり、話をつくってしまったりするわけです。

人を傷つけない範囲で、まじめな話から脱却することが話をおもしろくします。

まじめな人は、大げさに言ったり、嘘が入ったり、話の省略をしたりすることに抵抗があるかもしれません。しかし、話をおもしろくするためには大切なことなのです。

おもしろい話をしたいなら、ときには話を盛ってみよう

04

「真っ向から否定しない」が会話を続けるコツ

一方的に間違いだと決めつけるのはやめよう

会話は、相手とのやりとりのバランスが大切です。

話題の豊富さ、話す技術の高さによって、どちらかが多く話すことになることは、当然考えられます。

しかし、どちらかが一方的に話し続けると、会話の流れは止まってしまいます。場合によれば、片方は居眠りを始めたりします。また会話の中で、お説教を始めたり、相手の考えを否定したり、相手の考えを間違いだと決めつけたりすると、会話はそこで止まってしまいます。その典型が、親子の会話です。

親「いつまでテレビ見てるの！」
子「テレビぐらいいいじゃないか」
親「宿題があるんでしょう！」
子「うん」
親「早くやりなさい！」
子「このテレビが終わってから」
親「何を言ってるのよ。早くやりなさいよ！」
子「うるせえな。やればいいんだろ、やれば……」

これは、原稿を書いているときにテレビで放送していたアニメの一場面です。どう考えても、これでは会話がつながらないでしょう。それどころか、気持ちもつながりません。子どもは親に近づかなくなるでしょう。

これを、次のようにするとどうでしょうか。

親「おもしろそうな番組をやっているわね」

子「うん」
親「どのくらいで終わりそうなの？」
子「うん、あと10分」
親「そう、それでは、それから宿題ね」
子「うん」
親「がんばってね」

これならば、会話がつながるのではないでしょうか。
相手との会話を切らない努力、心の交流をなくさない努力をしてください。

相手のことを否定する前に、会話を続けることを大切にしよう

05

話の矛盾は気にしない

まずは会話を楽しもう

まじめな人は話の筋道にこだわります。前に言ったことと、後で言ったことが論理的に矛盾しているように感じると、反論したり、反発したりするものです。論理が矛盾しているといっても、聞いているほうがそう感じるだけであって、話しているほうにはそれなりの筋道があるのもよくあることです。

たとえば、「丸くて、四角いもの」と言えば、そんなものあるわけないよ、という反応をするでしょう。しかし、「上から見たら丸で、横から見たら四角」というように、見る角度によって違うものはたくさんあります。「思いつき」や

「感じ」で話す会話では、聞いている人にとっては矛盾を感じることが多いものです。

この論理矛盾を解明していく過程が会話の楽しさになる場合もあります。「嫌なことがあった」と愚痴をこぼしていても、楽しそうに話していたら、嫌なことと戦うことに生きがいを感じているのだなと想像できます。

ですから、**話の内容と話し方の雰囲気のどちらが本当かということは、問題ではありません**。事実と感じたことは別のことだと意識して聞くといいでしょう。

会話においては、話の論理より気持ちの交流を優先しますので、論理についてあまり考えすぎないことも大切です。

「いつも」や「みんな」は信じない

言葉にしても、「いつも」とか、「みんなが」とか、「ほとんど」とか、「だいたい」とか、「昔から」と曖昧な言葉を使いがちです。しかし、「いつも」というのは、話す人の主観だと考えたほうがいいでしょう。たまたま同じことが2

回続くと、それだけで「いつも起こる」と思い込んでしまうのです。

具体的なことを知りたい場合は別ですが、せいぜい「最近ではいつありましたか？」という質問に止めておくことも必要です。その言葉を、「いつもというのは毎日なのか？」とか、「みんなというのは全員なのか？」と言葉の意味を追求するのは、ケンカや議論をするときならともかく、会話の場合は愚の骨頂です。

話の矛盾をつつくより、まずは会話を楽しもう

06 間違いは見過ごすくらいがちょうどいい

相手が間違ってもスルーしてみよう

まじめな人は、人の話の間違いや思い違いを聞くと、黙っていることができないものです。議論の場合、間違いや思い違いは裏づけを示しながら正していくことが必要ですが、**会話の場面では、間違いに気がついても、見過ごすことが大切です。**

事実は異なるかもしれませんが、相手が感じていることをそのまま受け止めることです。このことを、まじめな人は無視できないことが多いのです。くり返しになりますが、**会話は内容のやりとりよりも、気持ちのやりとりを大切にし**

てほしいのです。

少々の間違いや勘違い、思い違いなどは無視してください。あまり気にしていると、会話はなかなか先に進みません。相手がそう捉えた、そう感じたということだと考えてください。

固有名詞、年月、期間、数、形、大きさなど、少々違っても見過ごすことです。それを、「おかしいぞ、そんなときにあるわけがない！」とか、「相手に電話して確かめてくるぞ！」などと内容を正そうとすると、会話が続かなくなってしまうのです。

∴ 間違いは折を見て直そう

それでは、間違いをそのままにしてしまっていいのでしょうか。それは、時期を見て正せばいいのです。相手が話し終わった後で、「先ほどのところがよくわからないのですが、教えてもらえますか？」とか、「私が考えていたこととあまりに違いすぎるので、もう少し詳しく話してくれますか？」と、相手により詳しく話させ、間違いを正すチャンスを与えます。

また、「ここのところは具体的にはどんなことが起こったの？」とか、「あのときは、私が電話したのではなかったかな？」などと言い、事実を思い出させることも必要です。

こちらが正しい事実を突きつけるのではなく、相手が正しいことを言い出せるように、し向けていく工夫が必要になります。

会話では、間違いがあってもまずスルータイミングを見て正そう

07

自分の失敗を笑いのネタにされたらチャンス！　と思おう

自分を「守らない」人の話は盛り上がりやすい

「あの人の話は、まじめすぎるのでおもしろくない」と言われることがあります。まじめな人は、間違ったことを言ったり、不正確なことを言って恥をかきたくないという気持ちが強く、話の構成を考え、論理的に正しい話をしようと努力しがちです。準備にとらわれすぎるのです。

これでは、話の内容は正しくても、話し手の気持ちが伝わらず、おもしろくない話になってしまいがちです。

会話は本来、その場を楽しくすることが第一の目的ですから、話の内容の吟味を厳しくしすぎなくても問題ありません。話を楽しくするために、事実を少し大げさに話しても、話をつくってしまってもいいのです。

話をおもしろくするためのコツのひとつは、**自分の失敗を笑いの種にされたら、その話に乗って笑いを大きくすること**です。まじめな人は、自分の失敗を話されたときに、その事実を否定したり、言い訳をしたり、自分を守ろうとしてしまうわけです。これが、話をつまらなくしている原因です。

●●「驚いた」から始めよう

「ダジャレ」についても、まじめな人はバカにしますが、話を合わせたり、つっこみを入れたりして場を盛り上げることに役立つのです。

自分がおもしろいと思った話、驚いた話は、話の内容よりも、「おもしろい」と思った気持ち、また、「驚いた」気持ちを先に伝えることが大切です。

ですから、話し始めるときも、「いやあ、驚いた」とか、「いやあ、びっくりしたよ」とか、「変なもの見ちゃった」とか、「今日はね、笑っちゃった」と、感じたことを話すことから始めます。そして、「何があったの?」とか、「どうしたの?」と聞かれたら、その状況を話すようにすると、相手もより興味を持つようになります。

会話は、話の内容を伝えるより、心の交流を図ることが主になるということを考え、〝感じ〟を伝えることに挑戦してみてください。

おもしろい話を伝えるときは、まず驚きや喜びの気持ちを伝えよう

08
初対面では話しかけたほうが勝ち

初対面で緊張するのは相手も同じ

はじめての人と会話を交わすには、誰でも勇気が必要です。自分の呼びかけを無視されるのではないか、おかしな人だと思われるのではないかと考えるからです。

しかし、相手も同じ思いでいるのだということを考えるべきです。特にパーティーや知らない人同士が集まるような場では、相手も話し相手を求めていることが多いものです。そうであれば、こちらから、勇気を持って話しかけることで、その場が一気に楽しい時間に変わります。

∴ 話す話題に気をつけよう

話しかけるといっても、何を話してもいいかといえば、そんなことはありません。**話す内容に気をつけることが必要なのです。**

話の内容が相手に合わないと、無視をされるか、相手にしてもらえません。

特に、初対面の人と話すときは、注意が必要です。

自分のことも、相手のことも、最初はあまり個人的なことには関わらないのが礼儀です。人には触れてほしくない話題があります。いきなり出身地や家族の話をする人がいますが、場合によっては失敗に終わります。出身地を隠したい人もいますし、出身地の人と関わりたくない人もいるからです。

また、離婚したばかりの人や、結婚したくても結婚できない人に家族の話をするのも酷でしょう。同じように、会社のことを話すのでも、役職などに触れてはいけません。仕事の内容か会社そのものの紹介に止めるべきです。

最初から無理だと決めつけない

こう書くと、話しかけるのは怖いと感じるかもしれません。だから相手の様子を見て、最初から話すことをあきらめてしまう人も多いのです。

知らない人だから警戒されるのではないかとか、偉い人だから相手にしてもらえないのではないかと、最初からあきらめてしまうのです。

しかし、**役職や雰囲気だけで相手を判断してはいけません。**

偉そうな雰囲気を漂わせている人のなかには、気楽に相手になってくれる人もいます。頑固そうな人が、趣味について長々と話してくれることもあります。

相手の役職や見かけで決めつけるのはNG
「会話がはずめばラッキー」くらいに思おう

09

誰に話しかけるか困ったら○▽□

顔の形を参考にしよう

一度にたくさんの人が集まるパーティーなどに参加したとき、誰から話しかけたらいいかわからないこともよくあると思います。

そのような場合は、顔の形を参考にしてみるのもひとつの手です。

人の顔の形は、大きく分けると、○型、▽型、□型の三つに分けられます。

○型は陽気で、人当たりがよく、細かいことを気にしないと言われています。

▽型は、理性的で、理屈っぽく、好き嫌いが激しいと言われています。

図２

顔の形を参考にしよう

陽気で人当たりがよく、細かいことを気にしない傾向がある

↓

話しかけると話相手になってもらいやすい

理性的で理屈っぽく、好き嫌いが激しい傾向がある

↓

こちらの様子を見ていて、安心だとわかれば話に乗ってくれやすい

頑固で、なかなか自分の考えを変えない傾向がある

↓

向こうから話しかけてくれば、何よりもまず話を合わせる

□型は頑固で、自分の考えを主張し、なかなか自分の考えを曲げないといわれています。

このように考えると、○型の人は断ることも少ないですから、話しかけると話の相手になってくれやすいでしょう。ただし、細かいことをあまり気にしないタイプですから、約束しても忘れる可能性があると考えておくことも必要です。

▽型の人は、こちらの様子を見ていて、安心だとわかれば話に乗ってくれます。仲間からの紹介があると、安心して相手になってくれます。

□型の人は、こちらの話にはなかなか乗ってくれません。もし、相手のほうから話しかけてくれれば、相手に話を合わせてあげることから始めます。

保険会社の法人営業は、昼食の休憩時間を中心に、担当企業の中に入って営業活動をします。しかし、ただ毎日通っているだけでは、保険の話は聞いてもらえません。保険の営業とわかっただけで、あいさつをしても無視されるなどの行動をとられます。一人の人に声をかけ、一度無視されたときに、隣の人に声をかけても、話に乗ってくれることはありません。断りの連鎖が始まるのです。

　そこで、最初に誰に声をかけたらいいかを考えることになります、声をかけたときに、相手をしてくれる人はどのような人なのかを考えるわけです。そして自分の担当する会社で話し相手を見つけ、相手の会社の社員の方と人間関係をつくっていくのです。何年も通っていると、人間関係もでき、仲間として受け入れてくれますので、皆と話ができるようになるわけです。

　顔の形と性格について、これらのことがすべて当たっているとは思いません。しかし、相手を分析するときの手がかりとなります。話す相手の性格に合わせて、接し方も変えていくことが大切です。

誰から話しかけたらいいかわからないときは
顔の形を参考にしよう

10

「一度でうまくいくわけがない」と覚悟しよう

一回でダメなら二回、二回でダメなら三回

話しかけても、それにうまく応えてもらえないと、あきらめる人が多いものです。

しかし、この人と会話を交わしたいと思う人がいたら、くり返し、くり返し話しかけ、こちらを向かせる努力をすることが必要です。しかし、同じやり方をくり返すと、しつこいと言われ、嫌われてしまいます。くり返すには、工夫が必要です。

子どもが母親に話しかけたのにもかかわらず、応えてくれないときは、「お母

さん聞いてよ」と要求しますが、これは、親子関係という関係だからこそ許されていることです。

上司と部下の関係だと、たとえおもしろくない話でも上司の話を聞かないと自分の評価が悪くなると考え、部下は無理矢理にでも聞いたフリをしているのです。

何回目で口を聞いてもらえるか楽しむ

普段の会話では、必ずしも、相手に聞くという態勢が整っているわけではありません。**自分からきっかけをつくる努力が要求される**わけです。

代表的な場面に、新規顧客への訪問活動があります。

営業担当者が約束なしに訪問する場合、お客様は話したくないばかりか、関わりたくないと思っている場合も多いわけです。営業担当者は、そのようなお客様の関心を自分のほうに向けさせる努力をします。そうしないと仕事が始まらないからです。お客様を訪問しても、話を聞いてもらうどころかドアも開けてくれません。まずドアを開けてもらう努力から始めるわけです。

会話ができなくなっている原因は、警戒心を持たれているか、嫌われているか、不信感を持たれているか、あきらめられているかのいずれかです。

一度や二度の失敗であきらめず、工夫を加え、くり返し働きかけることが大切です。「何回目で聞いてもらうことに成功するか楽しもう」と発想を変えると、新たな楽しみが生まれます。この試行錯誤をどれだけ行うかが、その人の財産になります。

一度や二度の失敗であきらめず、
何回目で聞いてもらえるか試行錯誤しよう

11

相手が心を開きやすい位置、心を開きにくい位置

人には心を開いて話しやすくなる「角度」がある

会話をするときに、どのように距離を取るか、どのような場所に座るかを考えることも大切です。

喫茶店などで話すとき、相手を入口の見える位置に座らせたら、相手は、入って来る人に視線を向け、なかなか話に集中してくれません。ですから、相手を入口に向けて座らせてはいけないのです。座席を自由に選べるところでは、どの向きに座らせるか、常に考える必要があります。

応接室のように囲まれた場所や、庭が見える個人宅の応接間などでは、席順

があります。このような場合は、まずはその席順に従います。

会議室では、図3のように、入口から遠い席に上位者を座らせます。また、庭の見える応接間では、庭が見える席に上位者を座らせます。事務机がある応接の座席では、事務机に近いほうに事務室の在籍者が座ります。

このような原則を踏まえつつ、相手の視線の移動が邪魔になるようでしたら、カーテンを引いてしまう、イスの位置を変えるなどの工夫をします。

自由に座れる場であれば、正面に向かい合って座るよりも、直接向かい合わない位置に座ることが、会話を楽にします。一般的に、机の角を挟んで90度の角度で座ることが、最も話しやすいといわれています。

心の中を吐露するようなときは、カウンターで隣り合わせるように、同じ向きを向いて座ることが話しやすいとされています。ただし、側に座ることが嫌だという関係性であれば、障害物を置くことで緊張感を緩和させます。

逆に、きちんと交渉しなければならないとか、問題の解決を図らなければならないという場合は、正面に向かい合う座り方がいいでしょう。

図3

座る位置

会議室

コの字型の会議室

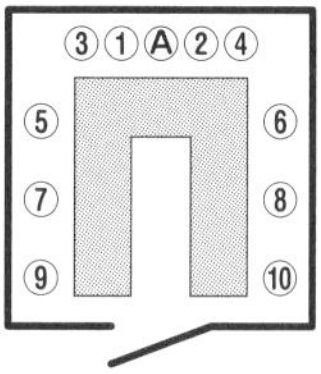

円卓型

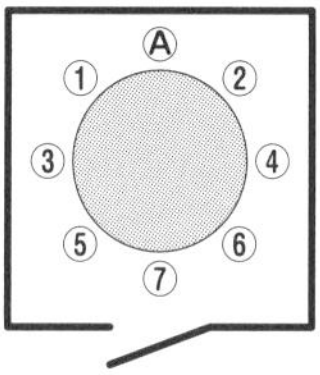

対面型

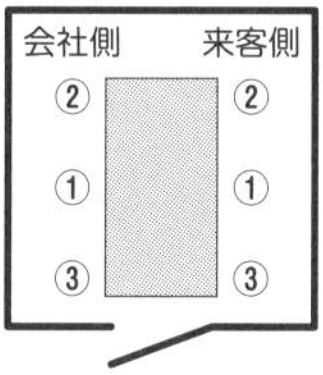

※①から順に上席、Ⓐは議長席を表す

応接室

事務机がある場合

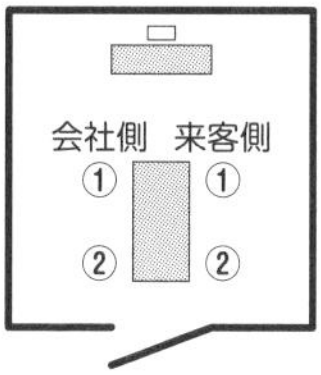

庭が見える場合

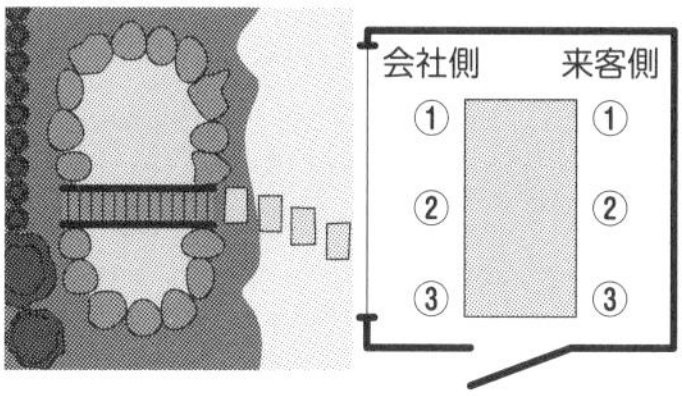

会話をする場所によって
座る位置を変えよう

12

相手の「耳」を見てしゃべろう

目を見てしゃべると、勘違いさせてしまう!?

会話のときは、相手を見て話しなさいとよく言われます。実際、じっと相手の目を見て話す人がいます。恋人同士であれば、目を見つめ合うのもいいかもしれませんが、一般的には、何となく息苦しくなります。中には、目をじっと見つめるので、自分に好意を抱いているのではないかと誤解してしまう人もいます。

逆に、相手をまったく見ず、下ばかり向いていたのでは、話し手が話す意欲を失ってしまいます。

目の向け方は前項の席の座り方に関係しますが、ここでは、どうしても正面に座らなければならないときにどうするかを述べておきます。

特に営業担当者は、相手と正面に向かい合って話すことが多いものです。会話に関する本を読むと、顔を見て話すことは大切だが、目だけを見つめてはいけないということが書いてあります。具体的には、口や鼻の頭を見るように書いてあります。

しかし、口でも、鼻でも、一ヶ所だけを見つめられると気になるものです。鼻の頭にイボがある人や、ホクロ、シミがある人もいます。このような人が、鼻を見つめられたら、落ち着かないだろうなと思ってしまいます。

●目だけを見ず、「耳」を見て話そう

そこで私がお勧めするのは、「**耳を見る**」という方法です。耳を見ていれば、顔全体も見えますし、目を見つめないで済むからです。

理想を言えば、相手を見るときは、目を中心に顔全体をやわらかく見るとい

図4

視線の向け方

話すときは相手の「耳」を中心に
全体を見るようにすると、目を見ないで済む

うことになります。これには長い時間の訓練が必要になりますが、まずは意識して一点だけを見つめないようにするのです。

資料やパンフレットを使って話すときは、下を向いて話すのではなく、資料やパンフレットを相手にも見せながら話します。すると、自分は資料を反対側から見ることになります。

視線の向け方もひとつの表現方法です。言葉だけでなく、ぜひ視線でも話すように心掛けてみてください。

相手と話すときは、耳を中心に顔全体を見ながら話そう

13 相手の心を知りたいなら、態度を見ればいい

会話には気持ちがそのまま現れる

論理的な話をするときは、自分の感情を押し隠して話すことができますが、会話では、そのときの気持ちがそのまま現れることが多いものです。自分の感情だけでなく、相手の感情が現れていることにも気がつきます。

積極的に会話に関わるか、消極的な姿勢を見せるか、会話の場から逃げたがっているかを見るだけでも、その人の気持ちを読み取ることができます。

会話の場に臨んでも、自ら話題を提供しているか、他の人の話を引き出そうとしているか、ただ黙って聞いているか、話題を向けられたときに、その話題

に乗っていけるかによって、会話能力ばかりでなく、会話に臨む姿勢を観察することができるのです。

服装を見ても、大切な相手と会話をするときは、本人にとって最も気に入った洋服を選びますし、親しい相手と会話をするときは、気楽な服装を選ぶはずです。周りから見ていると、服装や雰囲気から、お互いがどのような関係にあるかを見て取ることもできます。何を選択するかという、選択をする基準が自分の気持ちにあるからです。ですから、**相手の服装を観察すれば、相手の自分に対する気持ちがわかる**のです。

●●態度ひとつで気持ちは伝わる

話題の選び方も、好意を獲得したいと思っていれば、相手の興味に合わせるでしょうし、「自分について来い」というタイプであれば、自分勝手な話題を選ぶものです。話の内容をよくわかっていなくても、相手が自分の話題に合わせようとしているときは、好意を得たいと願っていると考えてもいいのです。

表情にしても、楽しく話しているか、嫌々話しているかは、よく聞いていればわかるものです。楽しく感じているときは笑顔でしょうし、嫌々話しているときは、表情にあまり変化がないものです。同様に、緊張しているか、気楽に話しているかなども、観察を続ければ見えてきます。

態度も同じです。身を乗り出して一生懸命相づちを打っているときは、聞く努力をしようという気持ちが感じられます。しかし、背もたれに寄りかかり、足を組んで、話し手に目を向けていない場合、相手の話に興味を示していないことを表しています。

相手をよく観察しよう

作家・羽田圭介（はだけいすけ）さんの書いた『走ル』という作品があります。高校生の陸上部員が、小学生のころに譲り受けた大人用のロードレーサーを手入れし、次の日の朝早く60キロ離れた学校まで自転車で行くことから始まります。

陸上の朝連の後、買い物を頼まれコンビニに行きますが、その帰り、思いつきで北の方に走り出します。授業が始まるまでに帰ればいいと思いながら、そのまま東京から青森まで走り続け、また、盛岡まで戻るまでの出来事を書いたものです。

この作品の主人公の行動から私は、この作家はきちんとした家庭に育った方なのだろうと思いました。授業をさぼることへの罪悪感、家族への電話連絡の様子、友達とのメールの交換、秘密を守ってくれる友人の存在、ガールフレンドへの対応、野宿をするときの準備の様子、地元の方々に親切を受けたときの反応、建物に入るときに決められた規則を守る様子など、文章の書き方に無駄がありません。たとえ悪ぶっているとしても、きちんとした家庭で教育を受けた人だな、と感じました。

『スクラップ・アンド・ビルド』が芥川賞を受賞してマスコミに取り上げられると、羽田圭介さんは、私のイメージ通りの人だったのには驚きました。朝日新聞の天声人語の要約を、小学生の頃から家庭で厳しく指導されていたということも納得でした。高校生のときに第40回文藝賞を受賞し、その頃からすでに注目されていたようです。

この文学作品のように、人は行動するとき、育った環境やそのときの自分の気持ちが出てしまうものです。会話のように、人と人が向かい合う場合はなおさらはっきりと、どんな気持ちでいるかなど、相手に感じ取られてしまうでしょう。現すまいと思っていても、どこかに現れてしまうものなのです。

相手の気持ちに気づかない人は、それだけで人間関係が壊れてしまいます。ただぼんやりと眺めるのでなく、人をよく観察する習慣をつけましょう。そして、その行動が、なぜ行われるのかを考えましょう。きっと、何か新しいことに気がつくはずです。

**気持ちは会話や態度に現れる
相手をよく観察しよう**

14

困ったら「これ」を話題にしよう

ポイントは「自分も相手も見ているもの」

人と話すとき、特に初対面で相手のことをよく知らないとき、何を話題にしたらいいでしょうか。最も手軽なのは、「お互いに共通して見ているもの」と考えてください。目の前にある雑誌でもいいですし、遠くにあるビルの看板でもいいのです。天気の話や街路樹の話もいいでしょう。

たとえば次の会話では、Aさんのバッグを話題にして話を展開しています。

Aさん「鮮やかな色のバッグですね」

Bさん「そうですか？」
Aさん「あまり日本では見かけませんね」
Bさん「実はこの色が気に入って買ったんです」
Aさん「いいですね。外国ですか？」
Bさん「ええ、イタリアに行ったときのおみやげなんですよ」
Aさん「それはいいですね」
Bさん「お店に入ったときに、パッと目に飛び込んできたんです」
Aさん「すごいですね！　よくお似合いですね」
Bさん「ありがとうございます。ブランドものではないんですけど」
Aさん「ブランドものって、大勢の人が持っているじゃないですか」
Bさん「そうですね」
Aさん「自分しか持っていないものなんて、いいですね」
Bさん「ありがとうございます」
Aさん「人の考えに流されないなんて、うらやましいですよ」
Bさん「普段はあまり自己主張はしないんですけどね」

Aさん「いやいや、こういうものを選ばれるなんて、独特の感性を持っているのですね」

Bさん「いえ、それほどでもないんですけどね」

Aさん「いい方とお知り合いになれました。これからもよろしくお願いします」

Bさん「こちらこそ、よろしくお願いします」

このように、**同じように見ているものを話題にして話し続けるのです**。ひとつの話題が終わったら、次の話題を見つけるわけです。

自分が見つけてもいいですし、「この近くに知っているお店はありますか?」と聞き、「ある」と言えばそれを話題にしてもいいですし、「ない」と言えば、「普段はどの辺でお食事をされるのですか?」と質問し、地域を話題にしてもいいのです。

このほかにも、困ったときは相手の服装、洋服の色、持ち物などを話題にするといいでしょう。普段からファッション誌などを読み、ファッションの流行や傾向を知っておくと役に立ちます。

また、相手の出身地の近くで話される方言などで驚いたことがあれば、それを話題にすることもできます。

会話に困ったら、お互い見ているものを話題にしよう

15

「そうなの」で会話を操ろう

テキトーな相づちを打っていませんか？

人の会話を注意深く聞いていると、同じ相づちをくり返す傾向が高いことに気がつきます。同じ相づちを機械的に打っているわけです。

Aさん「今日、家を出るときにね」
Bさん「あー」
Aさん「夫がね」
Bさん「あー」

Aさん「今日の夕食、どうするんだよと言うのよ」
Bさん「あー」
Aさん「勝手に食べてよと言ったのだけどね」
Bさん「あー、あー」

この会話は、私が電車の中で聞いた女性同士の会話です。話しかけられたBさんの相づちは、私が電車に乗っていた10分間、ずっと「あー」でした。もちろん、「あー」のニュアンスは会話に合わせた相づちでしたが、文字で表記すれば、すべて「あー」でした。

では、こう変わるといかがでしょうか。

Aさん「今日家を出るときね」
Bさん「ええ」
Aさん「夫がね」
Bさん「ご主人がいらっしゃったの」

Aさん「そうなの」
Bさん「そう。大変だったの?」
Aさん「今日の夕飯どうすんだよと言うのよ」
Bさん「勝手に食べればいいのにね」
Aさん「そうなのよ。それでそう言ってやったのよ」
Bさん「めったにあることじゃないのにね」
Aさん「そうよね」

と、相づちを打ってみたらどうでしょう。きっと会話も盛り上がるでしょう。そして、人の悪口を言いながら、共感が生まれるでしょう。
相づちは無意識で打っていることが多いので、本人はなかなか気がつきません。そのため、自分ではいくら真剣に聞いていても、相づちで失敗することも多いのです。

図５

相づちの種類

❶相手の話をそのまま受ける相づち

「はい」

「いいえ」

「そうですね」

「それはいいですね」

❷相手の話を引き出す相づち

「それからどうしました？」

「いつ頃のことですか？」

「具体的には？」

❸相手の話に反対する相づち

「嘘でしょう」

「信じられませんね」

「何かの間違いではないですか」

❹相手の話を変える相づち

「話は違いますが」

「先ほどの話に戻りますが」

「話は変わりますが」

・・明石家さんまさんに学ぶ相づちの技術

売れっ子のタレントは話の受け方が上手です。明石家さんまさん、所ジョージさん、タモリさんなどは、自分の体験をおもしろおかしく語ることもありますが、それ以上に、相手の話をおもしろく受けることが出演時間の大部分を占めています。

特に明石家さんまさんは「へー、そうなんや」「それで、それで?」という風に、相手に気持ちよく話をさせるプロです。

相手の話をどのように受けるかを声に出して練習してください。練習台はたくさんありますし、いい事例はテレビでも見られます。注視すると、参考になることがきっとあるはずです。

相手の話をどう受けるか
相づちは声に出して練習しよう

16

〝たとえ話〟で理解をうながそう

「すごい量のビール」より「○杯分のビール」

理論的なこと、自分の考えなどは、なかなか理解してもらいにくいものです。そのときは、**相手が身近に感じられるような〝たとえ話〟をして、理解を助けます。**

ビールの消費量を「東京ドーム何杯分」と表すのも、そうです。東京ドームの容量がどのくらいの大きさかわからなくても、数字で表すことで、なんとなく量の多さがわかるものです。

以前、中国の高地を走る鉄道が紹介されたときに、「富士山より高いところを走っている」と紹介されていました。標高5000メートルの高地を走っていて、空気の薄さや温度の低さに対応した車両が必要なのだということでしたが、日本人には、「富士山より高い」というたとえ話をされたほうが、よりインパクトがあります。

〝たとえ話〟は、具体的な話というだけでなく、聞き手に身近に感じられる事例を挙げると、より理解が促進されます。

たとえ話は相手に合わせて変えよう

あるとき講演で、若い方から、「年配の人たちは、なぜ振り込み詐欺になど引っかかるのですか」と質問を受けました。状況はいろいろあるが、一番根底にあるのは、わからない状況の中で動いてしまうからなんだと答えました。役所の還付金があったとしても、役所からは絶対に電話連絡などしてこないということを知らないからなのです。だから、手数料を振り込んでほしいという電話にも、疑いなく反応してしまうのです。

小切手をなくしたので会社に弁償しなくてはならない。お金を出してほしいという詐欺もあります。会社が小切手を発行するときは、すぐ現金化できるような形では発行しません。現金化されるのは、銀行口座に振り込み、銀行間の交換が済んでからです。そのため何日かの日数が必要です。もし小切手を紛失したとしても、現金化するまでの間に小切手を無効にすることができるのです。これらのことを知らないために、現金をなくしたと思い、あわてるのです。知らないと、いろいろと損をするのです。

なぜそんなことも知らないんですかと聞かれたので、君たちだって身近にあることを知らないことが多いんだよ、油断しちゃいけないよと、次のような話をしました。

会社に入るときに、入社書類にサインをしたり、印鑑を押したりしたと思います。しかし、書類の中身を読んだことがあるでしょうか。あの書類は、「このような条件で働く契約をした」という契約書です。ブラックバイトなど、働く条件の厳しいところで働いて、苦しんでいる人も多いようですが、契約書の内容を読まずに契約してしまった本人が一番悪いです。会社で働くためには、労働基準法の内容を勉強し、労働協約の書類をよく読んで契約することが必要なのです。

労働基準法は労働者を保護する最低限の条件が書いてあります。無知は保護しないという原則があるのです。

このように、**ひとつの〝たとえ話〟をして相手の理解が得られなければ、異なる〝たとえ話〟をしてみるということも必要です。**

相手をイメージし、どのような〝たとえ話〟をしたらわかってもらえるか、話す前に少し考える習慣をつけると、会話がはずむきっかけになります。

たとえ話は相手に合わせて変えると会話がはずむきっかけになる

17

話題は途中で変えていい

会話は生もの。腐る前に次の話へ

まじめな人は、ひとつの話を始めると、その話が終わるまで話し続けようとがんばります。自分が興味を持つと、相手にもそのおもしろさをわかってもらおうとするからでしょう。相手が興味を示さないと、無理矢理聞かせようとしますし、聞かない相手に怒りをぶつけることさえあります。

しかし、**自分には興味があっても、相手には興味のないことはたくさんあります。**興味のない話を聞かされることほど嫌なことはありません。だんだん敬遠され、人も近づかず、孤立してしまうことにもなります。

図６

話題を変えるときの言葉

❶脱線した話を元に戻す言葉

「非常におもしろい話ですね。では､本題に戻りますと……」

「ところで､○○についてはどうなっていますか？」

❷険悪な場の空気を変える言葉

「（笑顔で）なんだか難しくなってきましたね」

「○○については、解釈の違いがあるのかもしれません」

❸都合の悪い話から話題を変える言葉

「その点を議論すると、話はなかなか先に進みませんので……」

「その件は、改めて別の時間を取りますので、そのときにお願いします」

❹自分の聞きたい話に持っていく言葉

「ここだけの話ということにしておきますので、お願いします」

「ずばりお聞きしたいのですが……」

それでも、「こんなおもしろいことに興味を持たないのは、相手が悪い」とばかりに、相手を責め、自分の誇りを保とうとする人が多いものです。こんなことをしていれば、会話はうまくいかなくなります。

会話は、その場の雰囲気を大切にするものですから、相手が興味を示さなかったら、すぐに話題を変えるようにします。「違う話だけれど」とか、「そういえばこの間のことはどうなった？」とか、「そうそう、思い出したのだけど」とか、「話はまったく違いますが」とか、「今の話に関係する話ですけど」と言いながら話題を変えていくと、スムーズに話だけでなく雰囲気を変えることができます。

相手の話に興味が持てないときは、興味があるふりをして聞き続けることもひとつの方法ですが、話を変えてしまうこともひとつの方法です。**興味のない話に無理をして付き合わなくてはいけないということではないのです。**

「難しい話で、よくわかりませんね」「いろいろな考え方があるものですね」「そういう話にはついていけませんね」「違う世界の話ですね」「よくそういう話をなさる方がいらっしゃいますね」などと言い、思い切って話を切ってしまいます。

99ページの図6に、話題を変えるときの言葉を挙げてみました。ぜひ参考にしてください。

相手が興味を示さなかったら
思い切って話題を変えよう

18

脱線したときは話をもとに戻そう

自慢話や悪口に出会ったときは軌道修正を

話しているうちに、自慢話や人の悪口に発展してしまうことがあります。このようなときに、周りの人が不愉快にならないような話題に引き戻さなくてはなりません。これがうまくいかないと、皆の気持ちが離れてしまいます。とくに、大勢で会話を楽しんでいるときなど、あまりに個人的な不満を長々と話し続けると、皆から反発されるものです。

会話をするときの話題は自由に選択できるため、内容があちこちとんだりすることは、よくあることです。しかし、とんだ先が不愉快な話で、その不愉快な話を長々とされては、聞いているほうも逃げ出したくなるものです。

Aさん「先日、○○さんに会ったわ」
Bさん「そう、元気だった？」
Aさん「ええ、元気そうだったわよ」
Bさん「そう、それはよかったわね」
Aさん「あの人はいつも元気なのよ。人のことを気にしないからね」
Bさん「え？」
Aさん「約束は守らないし、時間には遅れるしね」
Bさん「そうなの？」
Aさん「そうなのよ。この前もね……」

このように、何でもない話から、人の悪口になってしまうことは多いものです。悪い噂話や悪口を言うことを楽しみにしている人もいます。人の悪口を言うことで、自分の優位性を際立たせたいという思いがあるからです。

しかし、悪口などは、いつまでも続くと嫌になるものです。ですから、話題を変える、話題を戻すということが必要になります。

●●「話は変わりますが」を上手に使おう

話題を変えたいときは、相づちのところでも述べた「**話は変わりますけど**」という言葉を入れて、他の話題に移ります。

「話は変わりますが、先生に手紙を出したことがありますか?」などと、異なる話題に変えてしまうのです。

「そういえば、この間話していた話、どうなった?」

「今、思い出したけど、娘さんどうしてる?」

などという変え方もあります。

他にも、話題を戻すときは、「先ほどの話ですが」とか、「気になっていたのだけど」という言葉を加えて、話を戻します。

「先ほどの話ですが、○○のようには考えられないですか?」

「さっきから気になっていたのだけど、結果的にどうなったの？」という言い方をします。

嫌な話を無理して聞く必要はありません。ただ黙って我慢するのではなく、積極的に話題を変える努力をしてください。

ウワサ話や悪口を聞いたら、「話は変わりますが」で話題を変えよう

オンリーワンであることを刺激。具体的な理由があると効果的

比較したうえでのほめ言葉は、説得力がある

「周囲の評判」という目に見えない力を利用する

「客観的な要素」をほめることによって、説得力が増す

実力のある人、権威のある人、見る目がある人を用いる

あえて抑え気味にほめたり、希少性を打ち出したりと工夫する

言われると、また期待以上の結果を出そうと思う心理を突く

逆説的に「あなたしかいない」ということを伝える

お願いされる必然性があると、相手の心にも火がつく

会話がはずむ人がやっている **ほめ方**

相手を持ち上げる言葉

ここまでできる人は、なかなかいないですよ ⇨

やっぱり○○さんがやると、違いますね ⇨

みんなが頼りにするのもわかりますよ ⇨

相手を間接的にほめる言葉

○○さんが選ぶのは、
やはりセンスのいいモノばかりですね ⇨

××さんが認めるだけのことはありますね ⇨

こんなにうまくまとめられる人は、
なかなかいないですよ ⇨

相手のやる気をかきたてる言葉

○○さんは、いつも期待以上の結果を
出してくれますからね ⇨

誰にでも頼めるものではないですよ ⇨

この件に関しての第一人者ですから、
お願いします ⇨

第3章

もっと会話をはずませる質問力

01

わからなければ質問しよう

質問しだいで会話はもっと楽しくなる

相手が楽しそうに話しているときは、そのリズムを壊さないように聞くことが大切です。ただし話の内容がよくわからないときは、遠慮なく質問をします。

特に、聞いていて話の内容のイメージが浮かばないときは、イメージを浮かべられるように質問をします。

たとえば、「ものすごく大きい」と言われたときに、なかなかイメージがつかなかったとします。このとき、「どのくらい大きかったの?」と聞いてみます。人の身長を言っているのであれば、「私の肩くらいまでしかないのよ」とか、「二メートル近くあったの」と言えば、イメージが描けます。それで終わりにするのではなく、改めて、「それは大きかったのね」とか、「それでは上を向いて話さなくてはいけなかったですね」と、驚きなどとともに自分の感想を伝えてください。これで、話し手の「ものすごく大きい」という言葉とつながります。

時代背景や生活環境が異なったりして話の内容がわからなかったときは、「そんなことがあったのですか。信じられませんね」とか、「今とあまりに違うので、想像がつきませんね」などと、感想を伝えてみてください。すると、相手が時代背景や生活環境について改めて説明してくれるでしょう。説明を聞いたら、それに対して、また質問します。

わからない返しに戸惑ったら

たとえば、電気のない生活を想像できるでしょうか。夜は真っ暗な生活になるわけです。キャンプの経験があれば、それに類似していると考え、少しは想像できるかもしれませんが、そうでなければ想像することはなかなか難しいものです。山村と都会の生活、会社員と農家の生活、沖縄県と北海道の寒暖の差など、生活環境の違いでわからないこともたくさんあります。

ただし、**条件の悪いほうをバカにしていると思われないように、慎重に質問します。**「山村だと、お店が少ないから、買い物などは大変でしょうね」と聞いたときに、相手が「本当に必要なものはまとめて買いますけど、野菜などは自分たちでつくりますし、魚などは売りに来る人がいるのですよ。大きな冷蔵庫もありますし」と答えたら、「それでは、野菜などは新鮮なものがいつでも食べられますね」と、相手のよさを強調して受け止めます。

話の内容がよくわからないときは遠慮なく質問しよう

02

質問はこう受ければ話がはずむ

質問から話は発展する

自分が聞きたいことを、相手が答えやすい形で質問すると会話がはずみます。

質問をするときは、相手が話したいこと、相手が知ってほしいと思っていることと、相手が責任を感じないで答えられる質問から入ります。

次の、インタビュアーAさんが舞台俳優Bさんにインタビューする様子を見てみましょう。

Aさん「今日のお召し物はきれいですね。こういった色がお好きなのですか?」

Bさん「ええ、でもこれはスタイリストさんが選んでくれました」
Aさん「そうですか。あなたの特長をよくわかった方ですね」
Bさん「そうなんですよ。もう10年も一緒に仕事をしていますから」
Aさん「どうりで。ところで今度の舞台も、衣装がきれいなのですね」
Bさん「ええ、はじめて見たときはびっくりしました」

この場合インタビュアーは、最終的には舞台に出た感想、共演者への思い、演出家から学んだこと、これからの仕事への夢などを話させたいのでしょう。最初から相手に夢を語らせようとしてもうまくいきません。舞台を衣装の視点で語らせる、その衣装の話を今日の服装から引き出すという、インタビュアーの技術が見て取れます。

話が自然に展開しているために、あまり質問の技術を感じさせることはありませんが、注意深く聞いていると、どういう展開をするのかがわかります。

会話の上手な人の話を注意して聞いていると、自然にこのようなことが行われています。

どういうことを聞いたら、相手が質問に答えてくれるか、どうしたらその答えから会話を発展させることができるかを事前に考え、会話の場に臨んでください。**会話には、事前準備が必要なのです。**

質問・三つのポイント

質問には、117ページの図7にあるように、三つのポイントがあります。

ひとつは、**「時」を聞く質問**です。「いつ頃のことですか？」「だいぶ前のことですか？」「ずっと続いていたのですか？」などと聞くわけです。これで、事実と話している人との関係がわかります。

二つ目は、ナンバリングと言い、**「回数」を聞く質問**です。はじめてのことなのか、何回も経験していることなのか、最重要課題なのかを聞きます。「はじめてのことですか？」「そこから始まったのですね」「一番引っかかっているのですね」などと聞きます。この質問によって、話し手の驚きや相手の考えている重要度などがわかります。

三つ目は、**「大きさや形状・色」を聞く質問**です。「大きなものだったのでしょう」「重かったでしょう」「たくさんあったのですか？」「少ししかなかったのですか？」「そのような色でしたら、目立ったでしょう」「明るい色だったのですね」「複雑な形をしていますね」「すっきりした形ですね」「それでは持ちにくいですね」などと、話しているもののイメージを描いていくわけです。

まじめな方は、事実を正確にとばかり、「何センチですか？」などと詳細にこだわりますが、実際には、それほど厳密には捉えていないのが実情です。本人が、そう捉えているというレベルで、話を進めるべきなのです。

質問するときは、時・回数・大きさや色・形状を聞こう

図7

質問・3つのポイント

❶「時」を聞く質問

「いつ頃のことですか？」

「だいぶ前のことですか？」

「ずっと続いていたのですか？」

➡事実と、話している人との関係がわかる

❷「回数」を聞く質問（＝ナンバリング）

「はじめてのことですか？」

「そこから始まったのですね」

「一番引っかかっているのですね」

➡話し手の驚きや話し手の考えている重要度などがわかる

❸「大きさや形状・色」を聞く質問

「大きなものだったのでしょう」

「重かったでしょう」

「たくさんあったのですか？」

「すっきりした形ですね」

「それでは持ちにくいですね」

「明るい色だったのですか？」

➡話しているもののイメージを描いていく

03

相手が答えやすい質問を心がけよう

相手が話しやすいことから話し始める

会話はあいさつの延長と考えると、気楽になります。あいさつ言葉の交換から、もうひと工夫することが会話なのだと考えてください。


「おはようございます」

「おはようございます。お早いですね」

「ええ、今日は、ちょっと遠出するもので」

「そうですか。大変ですね。いってらっしゃい」

このあいさつ言葉の、「そうですか。大変ですね。いってらっしゃい」を、「そうですか。大変ですね。どちらまで?」とすれば、場所についての会話に発展します。朝出かけるときの会話ですから、短く切るよう配慮をしていますが、会話をしようと思えば、その後はいくらでも続くのです。

次の会話はいかがでしょうか。


「お帰りなさい。大荷物ですね」

「ええ、バーゲンをやっていたので、つい、買い過ぎちゃって」

「それは大変ですね。重いでしょう」

「ええ、腕が抜けそうですよ」

「お手伝いしましょうか?」

「いいえ、近いから大丈夫です」


このような会話もよく聞くものですが、「お帰りなさい。大荷物ですね」という言葉を「いいえ、たいしたことないですよ」と受ければ、会話には発展しません。

また、「○○についてどう思いますか？」という問いかけは、内容があいまいで、相手がどう反応するかが読めません。よく知っている相手であれば予測できるかもしれませんが、よく知らない相手の場合、どういう反応が来るか読めないのです。

このような場合は、「○○についてご存じですか？」と聞けば、「知っている」か「知らない」に限定できます。「知っている」と言われれば、「どこでお知りになったのですか？」と聞けばいいのです。「知らない」と言われれば、「最近はお忙しいのですか？」と聞けば、その先の展開につないでいけます。

このように、ちょっとしたひと言が会話に発展したり、会話を停止させたりします。**会話の上手な人とは、会話に発展するひと言を引き出せる人**なのです。

もちろん、会話に発展する言葉を引き出す以前に、相手の口を開かせることが必要になります。相手の口を開かせ、言葉が出たときに、それを会話に発展させるような言葉を引き出す工夫をしなければならないのです。

相手が答えやすい質問とは、「はい、いいえ」で答えられる質問や事実を引き出す質問、相手が得意としている事柄に関する質問です。相手が答えやすい質問をし、その答えを会話につなげることを心がけることが、会話のきっかけづくりには大切です。

まずは相手の反応を想定すること。そしてその反応が想定内のものだった場合、次はどんな対応にするか、考えてから話すと、落ち着いて会話ができるようになるはずです。

質問するときは、相手が答えやすい質問を投げかけよう

04

質問で「すごさ」を引き出そう

：相手の話を理解するために質問しよう

相手の話を理解するためには、自分の経験を重ね合わせると、理解が深くなります。自分の経験と結びつかないときは、相手に質問し、より具体的な話をしてもらいます。

作家の椎名誠（しいなまこと）さんが、テレビ番組の中で、砂漠のすばらしさを次のように語っていました。「砂漠の夜はすごいですよ。星がいっぱいでして、空の全面が輝いた星で、所々に黒い所があるという感じです。星明かりで本が読めるほどですよ」と。

椎名さんは、テレビを観る人が理解しやすいように話しています。しかし、これが普通の会話だったら、「星がいっぱいだったよ」というところで終わってしまうかもしれません。ですから、「空の全面が」から後は、質問で引き出さなくてはならないのです。

「星がいっぱいだったよ」と聞いた人は、過去に登山をしたときや、尾瀬ヶ原のように自然が豊かな場所の暗い夜を思い出し、星空を想像し、これ以上すごいのだろうかと想像するわけです。

私も、忙しくて食事をする暇がなかったという話を聞いたときには、自分が論文を書くのに三日間徹夜し、さらにほとんど食事を取らなかったという体験と重ね合わせます。三日だけでも大変なのに、これが一ヶ月も続いたと聞いたときに、どれだけ大変なことだったかが想像できるでしょう。

人の話を聞くとき、自分の体験を基準に、それに近いのか、それ以上なのかを想像するわけです。基準があると理解しやすくなります。

基準が見つからないか、話の内容が理解できないときは、より具体的な話をしてもらえるように、質問します。
次の会話の、Bさんの質問に注目してください。

Aさん「新しいお店の開店には、人がたくさん並んでね」
Bさん「へえ、そうですか。どのくらい並んだのですか？」
Aさん「私は、一時間前に着いたのだけど、入るまでに、開店してから30分くらい待ったからね。一時間半は並んだことになるね」
Bさん「すごいですね。中はどんな様子でした？」
Aさん「とにかくすごい人で、レジで30分待たされたと、文句を言っている人がいたよ」
Bさん「そうですか。何人ぐらいの人が来たのでしょうか？」
Aさん「後で新聞を読むと、開店前に５０００人並んだと書いてあったよ。大型バス１００台以上のお客さんだものね」
Bさん「それはすごいですね」

このように、会話の中で自分の体験を重ね合わせることができるように、具体的な事実を引き出します。

答えを聞いて想像できないときは、さらに質問して「すごさ」を引き出そう

05

自分のペースに引き込む質問をしよう

自分が理解できる話題に転換する

仕事や趣味の話など、本人にしかよくわかっていない話を熱心に話す人がいます。このような話は、部外者には理解しづらいものです。しかし、わからないからといって話を聞き流していてはいけません。

話を合わせようとするときは、相手の話を理解しようと努力しないといけないのです。ただ、「それはどういうことなの?」などと、話の内容を詳しく説明させようとすると、説明が面倒になり、話を終わらせてしまうこともあります。

このような場合には、**自分が参加できる部分に話を引き込んでいくことがポイ**

ントです。

趣味の話で、おもしろくてのめり込んでいる様子がうかがえたときは、「一日のうちで、どのくらいの時間やっているの？」とか、「どんなところがおもしろいの？」とか、「このような趣味は、どのくらいの人が楽しんでいるの？」などと質問をして、自分が理解できる話題に転換していく努力が必要になります。

仕事の話でも、「完成したときの達成感は大きいでしょうね」とか、「そんなに長時間仕事をしていると疲れるでしょう」、「そんなにうるさい上司では、皆さんに嫌われているのでしょうね」などと、何を話してほしいのかを伝えます。

想像できない話を相手にさせ続けることは、聞き流しているのと同じです。お互いに、いつかくたびれて嫌になってしまうでしょう。

理解できない話は、理解できる話題に転換しよう

06

「結構です」はYESかNOか確かめよう

相手の言葉をそのまま鵜呑みにしない

会話で、相手が使う言葉には独特の意味が含まれている場合があります。言葉をそのまま受け止め、わかったつもりになっても、言葉の意味が違う場合があります。そのようなことがないように、言葉の意味を自分の言葉に言い換えて、言葉を返します。これは言葉の意味の内容確認をしていることになるわけです。

わかりやすい例として、

「ケーキをお召し上がりになりませんか？」
「いいえ、結構です」

という会話をしたとしましょう。聞かれた人は、勧められた食べ物が嫌いなのでしょうか。それは、この会話だけではわかりません。そこで、言葉を換えて確かめるのです。

「ケーキをお召し上がりになりませんか？」
「いいえ、結構です」
「ケーキはお嫌いですか？」
「いいえ、今、食事をしたばかりで満腹でして」

というように、「いいえ、結構です」の意味を確かめるのです。

好き、嫌いという単純なことでも、確認が必要ですが、**もっと複雑なビジネスの世界では、厳密に確かめなければなりません。**

「この修理を急いでお願いしたいのですが」

「はい、かしこまりました」

「助かります。午前中にできますか？」

「いいえ、午前中は無理ですが、午後二時にはできると思います」

「助かります。二時に参りますのでよろしくお願いいたします」


と、具体的にできあがる時間を確かめることで、状況もわかるわけです。

仕事以外の会話でも同様です。


「今頃の季節は食べ物がおいしいですね」

「今頃おいしいのは何ですか？」

「魚です」

「魚というと、鮭ですか？」

「鮭もおいしいですが、ししゃももおいしいですよ」

「いいですね」

このように日常の会話でも、「食べ物」↓「魚」↓「ししゃも」と、相手の頭の中にあるものを引き出していくと、より具体的な情報にたどりつくことができます。

相手の発する言葉は質問して具体的に確認しよう

07

かわいがられる人ほど、教えられ上手

相談を有効利用しよう

能力のある人に教えを乞いに行くのは当然のことですが、そればかりでなく、立場の高い人に教えを乞いに行くことも大切です。

たとえば、上司とはなかなか会話ができないという悩みがある場合には、「教えてもらう」というスタンスで話しかけます。

図8のように、「こういう点で迷っているのですが、どちらがよろしいでしょうか?」とか、「この点を裏付ける資料が見つからないのですが、何かいいものはありませんか?」と聞きに行くわけです。経験の中から、いろいろな話をし

図8

上司に相談するときの言い方

「こういう点で迷っているのですが、
どちらがよろしいでしょうか？」

「この点を裏付ける資料が見つからないのですが、
何かいいものはありませんか？」

「このようにしたいと思っているのですが、
何かいいアイデアをいただけないでしょうか？」

↓

**相談することで相手の知恵を引き出し、
いろいろ援助してもらうきっかけをつくる**

てくれますので、参考になる話が多いはずです。

場合によると、結論は決まっていても、相談を持ちかける場合があります。「このようにしたいと思っているのですが、何かいいアイデアをいただけないでしょうか?」と話し、相手から知恵をいただきます。

知恵を貸す人は、その仕事を進める過程から結果に至るまで気になりますから、見守り続けてくれるものです。ですから、相談の相手からはいろいろな援助が得られるのです。

見守られているということは、少しうるさいと感じる場合もありますが、何をしても無視されたままでいるより、ずっと張り合いが出るものです。そのため、「教えを乞いに行く」と大げさに考えるより、**「話を聞いてもらう」のように軽く考えてください。**

定期的に相談をすることは、何かをするときに、自分の行動を逐一相手の耳に入れることになるということです。そのため相手も関心を持ってくれ、人間関係もスムーズになります。先輩に相談する、お客様に相談に行くということも、コミュニケーションをうまくとるための大切な行動なのです。

お客様に売り込みを図っているときに、自社の製品はいいものだということをいくら主張しても、お客様は聞いてくれない場合があります。

このようなときは、「お客様というのは、どのようなものをほしいと思っているのでしょうね」とでも聞いてみてください。お客様はいろいろな条件を挙げてくれるでしょう。

たとえ自分の話は聞いてくれなくても、相手の話を聞くことで、相手も話を聞いてくれることがあります。普段は付き合いにくいなと感じている人とコミュニケーションを取るときでも、その人の得意な点を探り、そのことについて教えてもらうことは有効です。

かわいがられ上手になりたいなら相談することから始めよう

「その人しかいない」という期待感をこめて伝える

相手の自尊心をくすぐり、うまくその気にさせる

厳しい状況を理解したうえで、依頼する意気込みを伝える

あくまでも「仕事のための休み」ということをアピール

仕事のことは、忘れているわけではないことをわかってもらう

伝える機会を逃したときの言い方。事前に伝えてあればベスト

相手が納得するような「信用できる理由」を示す

返すメドがわかると、相手も少しは安心できる

むやみに借金しているわけではないことをわかってもらう

会話がはずむ人がやっている **頼み方**

無理なことをお願いする言葉

「○○さんを見込んで
お願いしたいのですが……」

「難しい案件なのですが、
○○さんでしたらできると思いまして」

「無理を承知でお願いしたいのですが……」

繁忙期に休暇を申請する言葉

「次の仕事の準備のために、
休暇を取りたいのですが……」

「現在取りかかっている仕事は、
済ませてありますので……」

「前々からの、どうしても動かせない予定が
ありまして……」

借金をお願いする言葉

「急な入院で、
どうしても必要になりまして……」

「○○までには、
必ずお返し致しますので……」

「○○さんにしか、
頼める人がいないのです……」

第4章

こんなときどうする？
場面別対応法

01

おもしろくない話に出会ったら

おもしろくない話にこそ耳を澄まそう

話題を変えたくても、相手が目上の人の場合には、なかなか難しいこともあると思います。相手が熱心に話しているのに、おもしろくないと感じるときは、**なぜおもしろくない話なのだろうということを考えながら聞くと、興味を持って聞くことができます。**

おもしろくない話は、いろいろなことが複合しておもしろくないと感じさせています。その要素を分析すると、次のようになります。

第一は、話の内容です。自分の生活とかけ離れた話題だと、おもしろくないと感じるものです。特に自分が生まれる前の話はなかなか理解できないため、おもしろくないと感じることがあります。

また、趣味の話などは、興味の差が大きいので、興味のない人にはおもしろく感じづらいものです。私は将棋が好きなのですが、ある日、新聞の将棋の欄を眺めていたら、友人に「誰がこんな欄を見るのだろうかと考えていたけど、やっぱり見る人がいるのだね」と驚かれてしまい、人によって視点が異なることにびっくりしました。趣味は、楽しんでいる人には非常に興味があっても、関係のない人には興味を持ちづらいものです。

おもしろくないと感じるのは、自分が関心のない話ばかりではありません。話されると都合の悪い話もあります。特に、過去にあった恥ずかしい体験などは、興味が持ちにくいでしょう。

個人的に避けたい話でなくても、自分の価値観に反する話など、聞いていて嫌になる話もあります。人をだました話、誰かをいじめた話、物を盗んだ話など、正義感の強い人には、耳をふさぎたくなる話もあるのです。

第二には、話し方の問題があります。声が小さくて何を言っているのかわからない場合や、逆に、声が大きくてその場にいるのが苦痛な場合もあります。早口や発音の悪さで聞き取りにくいこともありますし、話がゆっくりすぎてイライラするなどということもあります。

このような物理的な条件ばかりでなく、話の順序が悪く理解しにくいとか、誤解が生じるような用語を使うとか、話のくり返しが多くイライラするとか、話し方に問題がある場合もあります。

第三に、人に関係することがあります。相手を敬遠したいとか、嫌いという場合もありますし、この人の話を聞いてもおもしろくないと、最初から決めつけている場合もあります。

第四に、環境に関係するものもあります。社会的な立場・地位が高い人が集まるフォーマルな場所で、下品な話をするとか、大声で話すなどという場合に当たります。また逆に、みんなが和やかに歓談しているときに、堅苦しい話題を話し出す人がいます。極端な場合には、お説教を始めることなどがそうです。

このように、他の場面なら許容できるものが、その場の状況に合わないため

図９

おもしろくない話の特徴

❶話の内容

- 自分の生活とかけ離れている
- 趣味の話
- 都合の悪い話（過去にあった恥ずかしい体験など）

❷話し方の問題

- 声が小さくて何を言っているのかわからない
- 早口／発音が悪い／話のテンポが遅い
- 話の順序が悪く理解しにくい
- 話のくり返しが多い

❸対人の問題

- そもそも相手を敬遠したい／嫌いである
- この人の話を聞いてもおもしろくないと決めつけている

❹環境の問題

- 地位の高い人が集まるフォーマルな場所で、下品な話をしたり、大声で話したりする
- 和やかに歓談しているときに、お説教を始める

など

に、嫌な話、おもしろくない話になるのです。

会話をしているときにおもしろくないと感じたら、これらの条件を踏まえて、**なぜおもしろいと感じないのだろうかと考えながら聞くと、逆に興味を持つきっかけになることがあります。**

話がおもしろくないと感じたら、なぜそうなるのか考えて聞こう

02 前に聞いた話が出てきたら

まずは相手の気持ちを受け止める

どんなにおもしろい話でも、二回ならまだしも、三回も聞くと、「もう何回も聞いたよ」という気分になります。

よく聞く例として、学生時代の話があります。いたずらをした話など、同窓会などで会うたびに同じ話をして楽しんでいる人を見かけます。

また仕事の話では、困難な仕事を乗り越えた話などをよく耳にします。

これらの話は、聞いている人にとっては、おもしろくも何ともない話である可能性が大いにあります。

ですが、**会話は内容ではなく、相手の存在、相手の気持ちを受け止めるところからはじまります。**

ですから、「この話、前も聞いたな」という場面に出くわしたときは、「大切な話だから、くり返しているのだな」とか、「前の話とどこが違うのかな」というように、まずは**内容ではなく相手の気持ちを受け止めます。**

会話は、気持ちの交流なのだということを心得ていると、同じ話をされても新鮮な気持ちで聞けるものです。

とはいえ、あまりにも同じ話をされる場合は、「その話を聞くと、いつも同じ反応をしてしまいますよ」と笑ってしまうのも手です。「その話は何回も聞きましたが、今日の話が一番おもしろかったです」というのもいいでしょう。

「前も聞いたな」という話が出てきたら
前の話との違いを探りに行こう

03 聞きたくない話に出会ったら

反論や無視をせずにかわす

親しい人や身近な人の悪口を言われたり、下品な話を得意げに話されたりすると、思わず耳をふさぎたくなります。

このようなときは、反論をしたい、無視したいという気持ちになるかもしれません。しかし、無視してしまったら、話は合わせられなくなります。また、反論した場合、相手は自分の正当性を主張するために、より強力な主張をするようになりますので逆効果です。そこで、相手の話を受け止めたうえで、事実を確かめる質問をします。

次の会話は、Cさんがお客様先に遅刻したことをAさんが知り、Cさんの上司であるBさんに指摘しているものです。

Aさん「君のところのC君はお客様のところへ遅刻していくようだな。恥をかいたよ」
Bさん「そんなことありませんよ。Cさんはまじめな人ですから」
Aさん「お客様に言われて、私が恥をかいてきたのだからな」
Bさん「申し訳ございません。何か事情があったのでしょう」
Aさん「注意しておけよ」
Bさん「かしこまりました」

反論すると、Bさんのような対応になります。
ところが、次の会話だといかがでしょう。

Aさん「君のところのC君はお客様のところへ遅刻していくようだな。恥をかいたよ」

Bさん「申し訳ありません。何か不手際がございましたでしょうか？」

Aさん「そうだが」

Bさん「○○工業さんのことですね」

Aさん「うん。今日訪問したら、先方の担当者から申し訳ないと謝られてね。どうやらC君が、約束の時間に遅れてきたようなんだ。それで、先方は次の予定と重なって、C君をだいぶ待たせることになってしまったみたいで、それを謝っておられたのだよ。ただ、私としても、うちの社員のために謝られたのでは申し訳がないので、謝ることからはじめたというわけなんだ」

Bさん「そうですか。それは申し訳ございませんでした。当日の朝に、Cさんに来てほしいと言われまして、午後の三時ならと申し上げたら、三時からは約束があるので一時にしてほしいと言われ、午前の仕事を終わらせ昼飯抜きで飛び込んだのですが、道路の渋滞で一時半になってしまいました。途中でご了解は得ていたのですが、Aさんのほうにとばっちりがいったようで、申し訳ございませんでした」

Aさん「そうかい。そういう事情があったのかい。でも、担当の方もよくやってくれていると喜んでいたがね」

Bさん「そうですか。ありがとうございます」

と会話がかみ合います。だいぶ様子が変わるでしょう。

自分の落ち度を指摘されたり、非難されたりといった耳を塞ぎたくなる話ほど、自分の気持ちはいったん置いておいて、**まずは事実確認をすることが大切です**。これをすることで、なぜ相手がそのような発言をしているかがわかり、取るべき策も見えてきます。

落ち度を指摘されたり、非難されたときこそ
まず事実確認をしよう

04 相手の話にどうしても関心が持てないとき

否定せず、まずは相づちを打とう

趣味や仕事の専門的な話は、話し手には興味があっても、聞き手には興味もないし、関心を持てない場合が多いものです。

そのうえ、話し手は話す内容に明るいのに対して、聞き手はその話を理解する基礎知識を持っていない場合が多いのです。そのような状況で話をされても、相づちも打てませんし、興味を示すこともできないものです。

そこで、「なぜそういうことに興味をお持ちになったのですか？」と聞いてみたり、「よくわかりませんが、難しいことをなさっているのですね」とか、「よくそういうことに気がつくのですね」と、相手の話に興味を示すような相づちを打ってみてください。

話し手も、知識のない人に話しているのだということを自覚するはずです。昆虫に興味を持っているとか、蛇が好きという話は、昆虫や蛇が嫌いな人にとってはもちろん興味のある話題とは言えません。趣味の話は、本質的に関心がある人同士では楽しい話題ですが、関心のない人にとっては聞いていることが苦痛なものです。

・・相手の話を否定してはいけない

仕事についても同じです。本人はのめり込んでいるので、いろいろな苦労話をしたいのかもしれませんが、その仕事に就いていない人にとっては、ちんぷんかんぷんな話です。

しかし、わからなくても、興味がなくても、話している本人にとっては大切なものなので、「くだらないことを考えていますね」とか、「バカみたい」などと、相手の話を否定する相づちを打ってはいけません。「大変ですね」とか、「お忙しそうですね」と、相手を思いやる相づちを打ってください。

愚痴だとか、人の悪口を聞かされるときは、「いろいろと大変だね」とか、「いろいろと事情があるのかもしれないよ」と、**賛成でもない、反対でもない相づちを打って聞いてあげるといいでしょう。**

「そうだよね。同情するよ」とか、「それはあなたのほうが正しいよ」と賛意を表すと、「あの人もこう言っている」と、責任がこちらにかかってきます。後で言い訳するような事態にならないように注意しましょう。

相手の話に興味が持てなくても否定はＮＧ
相手を思いやる相づちを打とう

05

明らかに相手が間違っているとき

こんなときこそハッキリ伝えよう

自分が嫌いなことをわざとする人や、見つからなければいいとばかりに法律に違反した人が、自分の行為をとくとくと話す場合があります。

たとえば、部下や下請け会社の担当者など、立場の弱いものをいじめることを楽しんだり、当然のように約束を破ったり、急な雨だったからと言って訪問先の会社の傘を黙って持ってきてしまったり、飛行機や列車に乗ったときに備品を持ち帰ったり、人を騙してお金を巻き上げることを自慢したり、という場合です。

このような話に迎合することも問題ですが、聞きたくないとばかりに耳を塞ぐことにも問題があります。ときには、相手が間違っているということを明確に伝えることも必要です。

間違っていると伝えると、相手が気を悪くするのではないかと怖れる人がいますが、自分が悪いことをしているということは自覚していることがほとんどです。

むしろ、こちらが嫌がるのを楽しんでいる、お前にはできないだろうと威張っている場合もあります。ですから、はっきりと、「私にはできません」「私の主義に合いません」などと言うことも、相手のためにも大切です。

次の会話は、灰皿集めをすすめるBさんに対し、Aさんがきっぱりと断っているシーンです。

Aさん「ずいぶんたくさんの灰皿がありますね。集めるのが趣味なのですか?」
Bさん「趣味というわけではないが、珍しいのがあるとほしくなってね」
Aさん「買ったんですか?」

Bさん「いいや、持ってきたんだ」
Aさん「どこからですか？」
Bさん「飲みに行ったお店から」
Aさん「泥棒じゃないですか」
Bさん「相手は気がついていないよ。Aさんもどうだ」
Aさん「人に迷惑をかけることは、私にはできません」

このようにはっきりと伝えることは、それ以上嫌がることをさせないようにすることもできますし、何より、相手のためになります。

明らかに相手が間違っているときは
毅然とした態度で伝えよう

06

仕事で初対面の人と会うとき

訪問するときとされるときの対応の違い

仕事で初対面の人に会うときは、こちらが訪問して会うときと、相手の訪問を受けて会う場合があります。会話のしかたに違いがありますので、別々に書きます。

訪問するとき

初対面ですから、名刺の交換の後は、面会の時間を取ってくれたことに対するお礼の言葉から入ります。

「本日は、お時間をいただきましてありがとうございます」

このほか、社内の関係者から紹介されて訪問したときは、「○○からもよろしくお伝えくださいと申しております」という言葉を付け加えます。

社外の関係者から紹介されて訪問したときは、「○○様からもよろしくお伝えくださいとおっしゃっていました」という言葉を付け加えます。そして、紹介者との関係を話します。

社内の関係者であれば、「○○は以前プロジェクトを組んだときのリーダーでして、今回のことを相談したときに、『△△についての専門家だから』と、真っ先にこちら様を紹介されました」というように話します。

社外の関係者でしたら、「○○様とは10年来のお付き合いでして、共同で製品開発なども行ってまいりました」などと話します。

相手が、紹介者と個人的に親しい場合がありますが、その場合は、相手は紹介者との関係を話してくれますので、相手の話を十分に聞きます。

紹介者がいないときは、仕事に関係する話を盛り込んだ自己紹介をします。

「大学で専攻したことでもあり、会社に入ってからも、ずっとこの件に関わってまいりました。今回、こちら様に○○の提案をすることについて指名を受け、今日は喜んでまいりました。きっとお役に立てると思いますので、よろしくお願いいたします」というように話します。

ここでは、まず「自分が何者であるか」を理解してもらうことが必要です。そのうえで、仕事の話に入っていきます。

「お時間が限られていますので、仕事の話に入らせていただきます」と断り、準備してきた話に入ります。そして、会社に戻ったらすぐに、メールでいいですから、お礼を伝えます。

●相手の訪問を受けるとき

相手の訪問を受けるときは、**相手を信頼できるかどうかが大きな問題になります**。そのため、事前に、相手の企業について調べておいてください。インターネット検索のほか、社内の関係部署から情報を収集することも大切です。

自分が知っている人からの紹介であれば、紹介者との関係を確認します。「ご紹介の○○さんとはどのような関係ですか?」と聞いてください。

紹介でなければ、相手の会社のこと、相手自身のことを聞きます。「○○会社と言いますと、△△会社と、何か関係があるのですか？」とか、「○○会社では、この事業にはいつ頃から取り組んでいるのですか？」などと話します。

また、相手自身のことを聞くときは、「○○さんは、この仕事に何年くらい取り組んでいるのですか？」と、必要な情報を聞き出します。ここでの目的は、まず相手のことをよく知ることです。

相手のことが確認できたら、仕事の話に入ります。「それでは、そちら様のお話をうかがいます」と言い、相手に話をしてもらいます。

話が終わったら、「○○さんにも、よろしくお伝えください」などと、紹介者に一言触れてください。

訪問をするときとされるときでは最初のひと言に違いを出そう

07 仕事でパーティーに参加するとき

まずは主催者にあいさつを

周年祭や展示会の後のパーティーなど、仕事上でのパーティーに参加したときは、人間関係をつくるチャンスですから、いろいろな人に積極的に話しかけてください。

会場に入ったら、主催者側の知り合いにあいさつに行きます。「今日はお招きをいただきましてありがとうございました」とか、「今日はお世話になります」などとあいさつをします。

主催者側は大勢参加しているわけですから、自分の知り合いの上司や関係部署の方を紹介してもらうチャンスです。また、自分では気づかない仕事上の関係者などを紹介してもらうこともできます。

声のかけ方としては、「ご準備が大変だったでしょう」、「たくさんお集まりですね」、「お忙しいでしょうから後ほど」、「あいさつに回っていますので、後ほどゆっくり」などがあります。ひと通り会話をしたら、その場を離れます。主催者側は、乾杯や主催者のあいさつなど、行事が終わるまでは忙しいからです。

その後は、知り合いとあいさつを交わします。「こんにちは」とあいさつをし、パーティーについての感想などを話します。お祝いの席ですから、悪いことは口に出さないほうがいいでしょう。

●●一人でいる人に話しかけよう

仲間と一緒に来ず、一人でぽつんといる人にも声をかけてみてください。「こちらとはどういう関係でいらっしゃったのですか?」と声をかけると、意外に話してくれるものです。

また、名札があれば、社名を見て、「○○会社の方ですか？」と声をかけてみてください。有名な会社であれば「はい」と答えてくれますので、「どちらの部署にいらっしゃるのですか？」などと聞くようにします。そうすることで、会話のきっかけが生まれるでしょう。

あまり知られていない会社であれば、「ご存じですか？」と聞き返されますので、自分と相手の会社との接点があれば、「私は○○会社の△△工場にうかがっているのですが、確かお隣に、こちらの工場がありますよね」と話します。

共通の理解ができる話題だと、話しかければ答えてくれるものです。

パーティーに参加するときは
まず、主催者にあいさつをしよう

08

新しい職場に入るときや異動したとき

すでにできあがっているグループに入るとき

異動などですでに関係ができあがっている部署に入るときは、自分だけが孤立しているような感じがするものです。そのため、グループのメンバーになじむ前に辞めてしまう人が多いのです。新入社員も同様です。

そこで、新しい環境に身を置く人に心がけてほしいことが三つあります（167ページの図10参照）。

ひとつ目は、新人に徹することです。新しく入る人はそれまでの経歴や立場を話したくなりますが、そこにはすぐに重要視されたいという気持ちが根底にあります。これらの行動は、仲間に反感を抱かせてしまいます。経歴や立場で一目置かせるのは、周りの人になじんでからにしてください。

まずはなぜ入社したのかを述べ、新人として入るのでよろしくお願いします、ということを伝えます。慣れていないのだから、面倒を見てやろうという気持ちを相手に持たせることが大切なのです。

二つ目は、出身や現在の住所などの話題を提供することです。同郷であれば話しかけてくれますし、帰り道が同じであれば、一緒に帰るなどして、接点を増やすことができます。

三つ目は、過去の経験を誇ってはいけないということです。初心者ではないと強調し、過去の実績について語ったら、グループのメンバーは、お手並み拝見と、相手に対して冷ややかな態度をとってしまうのです。

何も話さなくても、一緒に活動すれば、どのくらいできるかなどはすぐにわかることです。新しく入った人に対しては、何かと気を遣ってくれますので、それに甘えるのも効果的な行動です。気を遣ってくれる期間に、人間関係をつくってください。

グループで活動する場合は、新人として、先輩たちの指導を素直に受け入れてください。そして、先輩たちの話をよく聞きます。聞かれたときには、自分のことを話してください。ただし、社名や役職などによって、かえって壁をつくってしまうこともあります。「情報機器の会社で、総務の仕事をしています」というように、曖昧に話すくらいでいいでしょう。いい学校に行っているとか、有名な会社に就職していることについても同じ配慮が必要です。

❖その職場にはその職場での対応を

もうひとつ気をつけなければいけないのは、「**郷に入っては郷に従え**」ということです。他の場所で当然のこととして行われることが、新しいグループでは、反対のやり方が行われたりすることは、よくあることです。

そこで、「おかしい」と言わずに、「こういうやり方もある」と受け入れてください。それが不合理だということを主張したくなったら、徐々に改革をして

図10

新しい職場に入るときの注意点

❶新人に徹する

過去の経歴や立場を話すのは、仲間に反感を抱かせやすい

まずは入社理由と、よろしくお願いします、と伝える

➡相手に、面倒を見てやろうという気持ちを抱かせることが大切

❷話題を提供する

出身や現在の住所などの話題を提供する

➡同郷であれば話も弾むうえ、帰り道が同じであれば帰路も共にでき、コミュニケーションをとる機会が増える

❸過去の経験を誇ってはいけない

入ってしばらくは､周りの気遣いに甘えるのがベター

先輩たちの話をよく聞き、素直に受け入れる

➡何も話さなくても、一緒に活動すれば、能力はわかる

❸新しい職場のやり方を踏襲する

いきなり「おかしい」と言わず、「こういうやり方もある」と、まずは受け入れる

不合理だと主張したくなったら、徐々に改革をしていく

いくと考えてください。入っては辞め、入っては辞めをくり返す人は、入り込む努力をしていないから、なかなかなじめないのではないでしょうか。

新しい職場では、過去の実績を披露する前に「よろしくお願いします」と真摯に伝えよう

09 年齢が離れている人と話すとき

年上と年下とで対応を分ける

年上の人と話すとき

年上の人と話すときは、「何を話そうか」と考えるよりも、「どう聞き出そうか」ということを心がけてください。職場で身近な人といえば先輩や上司ですが、機会があれば自分の体験を話したい、何かを教えてやりたい、指導してやりたい、愚痴をこぼしたいと思っているものです。ですから、会話でも、相手の話を聞いてあげることが大切です。

話を聞いてもおもしろくないと感じるかもしれませんが、他の人が体験したことは、自分が体験できないことを、他人の体験を通して得られるのです。自分がその場に置かれたらどうしただろうかと考えながら聞いたら、きっと興味が持てるでしょう。上司の自慢話もあるでしょう。そのうまくいった体験を現在に活かせないかと考えれば、自分の行動に結びつけられるのです。

●年下の人と話すとき

年下の人と話すときは、年下の人に迎合して話題を合わせようとしてもうまくいきません。ものごとを捉える視点が異なり、感覚が違うからです。また、迎合しようとしていることは、意外と相手に伝わります。

自分がくり返し経験していることであっても、年下の人にとっては、はじめての場合もあります。年下の人は、事象そのものしか知らなくても、自分はその事象が起こった背景を知っていたりして、ものの捉え方が異なるからです。

ですから、年下の人と話すときは、自分の価値観を押しつけず、相手に話させ、その様子を聞くようにします。

現在話題になっていることは、新聞、テレビ、雑誌を注意して見るようにすればいいわけです。たとえば雑誌の本文を全部読まなくても、電車の中刷り広告で話題をつかみ、年下の人に解説を求めるようにすると、積極的に話すようになります。

「○○という歌手は何であんなに人気があるのだろうね」と聞けば、その魅力を語ってくれるでしょう。また、「企業に勤めた新入社員が3年以内に3割が辞めてしまうというけど、なぜ辞めてしまうのだろうね」と聞けば、勤めることの息苦しさ、ストレスの感じ方などが語られるでしょう。

くり返しになりますが、年齢の違う人とは、ものの捉え方、価値観が異なります。**会話するときは無理に合わせようとせず、それぞれの見方があるというところで止めておくほうが、会話はうまくいきます。**

年下の人と話すときは、無理に迎合せず
話題を投げることに徹しよう

10

久しぶりの人と話すとき

接点を探る努力を惜しまない

同窓会に出ると、5年ぶり、10年ぶり、ときには30年ぶりに会うという人がいます。年賀状のやりとりをしていれば、近況がわかっていますので、「お変わりなく」ということで、簡単に話に入れるでしょう。

しかし、何の交流もなく、顔と名前が一致しないような状況のときは、名前の確認から入ります。そして「前に会ったときは、○○をしていたね」とか、「学校時代は、○○に夢中だったね」と、以前の状況を話し、「どうしていた？」と、その後の状況を話し合うことが一般的です。

そして、その後の状況を話し合う中で、自分との接点、仲間との接点を探ります。転勤で転々としていたという話が出たら、転勤をテーマに話をするわけです。

同じ時期に、同じ場所にいたということがわかれば、その場所の話題で盛り上がれるはずです。仲間との接点が見つかれば、「○○さんが同じ仕事をしているよ」と、仲間を紹介することもできます。

仕事でも、3年ぶり、5年ぶりに出会うことは珍しくありません。私も、10年ぶりに電話が掛かってきて、研修の依頼をされることがあります。

このような場合は、まず「久しぶりです」とあいさつします。親しい間柄であれば、「覚えていますか？」というあいさつのしかたもあります。

すぐに仕事の話に入る場合もありますが、「最近、○○という本を書きました」とか、「最近、○○という研修を行っています」と、お互いが近況を話し合います。お互いの近況を確認した後、私の場合は、研修の対象や研修日程の話、研修の目的、研修の中で注意したいことなど、仕事の具体的な話に入っていきます。

しばらくぶりのときは、お互いの近況を確認してから、共通の話題に入ると、会話がスムーズに進んでいきます。

久しぶりの人に会うときは
まず近況を確認して共通の話題に入ろう

11 好かれたい相手と話すとき

まずは自己紹介から

好かれたい相手と話すとき、嫌われてはいけないとばかりに緊張し、話がうまくいかない場合が多くあります。時間をかけ、徐々に親しくなることが長続きするコツです。

また逆に、相手の笑いを誘いたいと悪ふざけをする人がいますが、その場では笑っていても、ひんしゅくを買うだけです。まともに相手をしてもらえないのがオチということにもなりかねません。まじめに、自己紹介から始めたほうがいいでしょう。

最初は、グループの中で話すことが多いと思います。そのときは、なぜこのグループに参加したかについて話すといいでしょう。グループに連れて来てくれた人との関係や、どんな思いで参加したかを話します。相手にも参加した動機を聞いてみてください。

お互いに積極的な参加ではないこともあるかもしれませんが、「お会いできてよかった」ということを、さりげなく伝えてください。

次に会ったときは、前回の話をくり返しながら、自己紹介をしていきます。「この前お話に出た会社のことをたまたまインターネットで見かけたところ、○○のことが紹介されていました。すごいですね」とか、「ご出身と聞いた○○県のことが新聞にも出ていましたが、いろいろな企画を立てて、東京で宣伝しているのですね」というような話がいいでしょう。しかし、このような話の中では、偶然を強調することが大切です。「ネットで検索した」「○○県のことを調べた」などとは言わないほうが無難です。**わざわざ調べた感じがすると、身元を探られているようで嫌な感じがすることもあるので注意してください。**

・・話のネタを目の前にあるものにすると困らない

くり返しになりますが、**自己紹介は、目の前のものを材料にして話すと、違和感なく話すことができます。**たとえば、食事をしながら「私の田舎でもイカがよく取れるのですよ」と話したり、メニューを見ながら、「この焼酎を親父がよく飲んでいましてね。子どものときはとてもおいしそうに見えたものですよ」と、家族の話をするようにします。

また、連休の前などは、「連休中は予定がありますか？」と聞き、「ある」と言われればそれを話題にして話すのもいいですし、「ない」と言われれば、「誘えばよかったな」と言いながら、自分の予定を話します。

好意を持った相手との会話は、悪ふざけをせず、まじめな気持ちで会話の場に臨んでください。まじめさに隠れても、おもしろいキャラクターは、相手に伝わるものです。

２０１５年の下半期の芥川賞に又吉直樹さんの『火花』が選ばれました。又吉さんは、言わずと知れたお笑いコンビ「ピース」の一人です。この受賞により、お笑いコンビとしてはもちろん、作家としてもタレントとしても、また、番組の司会やコメンテーターとしての出演も増えました。

又吉さんは、芥川賞作家と持ち上げられても、淡々とまじめに仕事に取り組んでいます。ほかのお笑いタレントのように、ギャグを連発する、といった行動は一切なしです。それでも見ていると、番組を進行している中で、何となくほっとする雰囲気が漂ってきます。安心して見ていられるのです。『火花』にも、まじめに一生懸命取り組んでいる姿勢を感じ取ることができます。

まじめに取り組んでいれば、派手さはなくても、キャラクターがにじみ出てくるものなのです。

好意のある相手と会話するときは
ふざけず、まじめに臨もう

●●● 第4章

こんなときどうする?
場面別対応法

前置きをすることで、相手は聞く準備ができる

相手は笑わずに、少なからず真剣に聞いてくれる

信頼されることで、相手はいつも以上に理解に努める

まずは確認して、相手に貸していたことを気づかせる

無理に催促するより、返してもらった後の目的を伝える

お互い嫌な気持ちにならないよう必要に迫られていることを示す

反対材料を把握したうえで意見を提案すると、説得力が増す

反対しようとする相手の意見を、先に封じこめてしまう

無理に話を通すより、力を借りる気持ちで臨む

会話がはずむ人がやっている **切り出し方**

悩みを相談する切り出しの言葉

「言おうか言うまいか迷ったのですが……」

「こんなことを話すと、笑われるかもしれませんが……」

「○○さんでしたら、わかっていただけると思いまして……」

貸した物の返却を催促する言葉

「そういえば○○を貸していましたよね」

「以前お貸ししたモノなのですが、ちょっと使う用ができてしまいまして」

「急にどうしても必要になりましたので、お返しいただけると助かるのですが」

反対されそうな話を切り出す言葉

「確かに○○でもいいのですが、さらによくするためには…」

「反対意見があるのも、もっともなことなのですが……」

「○○について、お知恵を拝借できればと思いまして」

第5章

もっと会話を楽しくするためのコツ

01 ウケる準備をする

〝ウケる〟ためには常に準備を怠らない

私には、話力を研究する仲間Aさんがいます。Aさんは大学教授を長く勤めた経験を持ち、知り合った頃は大学の付属中学の国語の先生をしていました。日常の会話でも、機会があればおもしろいことを言い、会話を楽しませていたものです。

あるとき、仲間同士で行った合宿研修会で、Aさんと同室になったことがあります。次の日、Aさんは講義を担当することになっていました。ひと晩観察してわかったことは、彼は講義実習の準備と同じように、笑いを起こさせる準備もしていたということでした。前日の晩から、どのような言葉を出し、笑いを起こそうかと考え、講義ノートの端に書き込んでいたのです。

さらに、新聞を読みながら新しい材料を探しては、みんなが知っているニュースにどのような言葉を加えたら笑いを起こせるかを懸命に考えていました。

もちろん、話している途中で、もともと準備していた手持ちのネタの中から選択して出すこともあるでしょうし、急に思いついて伝えることもあるでしょう。しかし、**何の準備もなしに思いつくということは少ないものなのです。**

明石家さんまさんがトーク番組の中で、若手のお笑いタレントがおもしろいギャグを言ったときに、「いただき」とか、「メモしとこ」と言っているのは、半分は冗談かもしれませんが、後の半分は本気だと思います。おそらく、これらのギャグをヒントにして、独自のギャグを考えているのでしょう。このような感覚がないと、タレントとして長く生きてはいけないのです。

●●切り返すのも〝ウケる〟技術のひとつ

〝ウケる〟ための準備ではもうひとつ、**相手のからかいや嫌みをどのように切り返すか**ということがあります。からかわれたときに、いじめられたといじけていてはいけません。切り返す、逆襲するということを考えなければいけないのです。その場では切り返しができなくて悔しい思いをすることがあるかもしれません。このような場合には、どう切り返したらよいのだろうと考えておくといいでしょう。

からかいの言葉は、自分と相手との関係の中で予測できるはずですので、次の機会にはタイミングよく切り返してください。

道を歩いていたお年寄りが、ドライバーから、「よたよた歩くな！」と罵声を浴びせられたときに、「下手くそ。人をよけて運転すればいいじゃないか！」と切り返し、「なにを、俺はこの一年は無事故無違反だぞ！」とさらに怒鳴られたときに、「何を言っている。私なんか80年間無事故無違反の歩行者だ！」と切り返したという笑い話がありますが、このような切り返しを準備しておくことです。

新聞や雑誌、テレビ・ラジオでも、いろいろな笑いが提供され、人を楽しませています。それらを収集し、使えるように考えておくことが、ウケを狙った話につながるのです。

**相手から突っ込まれたとき
どう切り返すか考えておこう**

02

自分の意見を持つと、会話はもっと盛り上がる

「自分はどう思うか？」を大切にしよう

よく会話で、テレビや新聞で評論家が言っていることをそのままくり返している人がいます。ですが、**自分の考えを述べないと、会話はおもしろくありません。**

独自の視点でものが言えないテレビ番組のコメンテーターが、すぐに画面から消えてしまうのと同じです。

テレビで事件を見たときに、また、新聞の記事を読んだときに、自分がどのように考えたかを常に意識しておくといいでしょう。結果的に評論家と同じ考

えであってもかまいません。結論は同じでも、考えた道筋は異なりますから、「なぜそう考えるのか？」の部分が違ってくるのです。**思考過程が異なると、同じ結論でも、話に独自性が出てきます。**

他人と同じ意見を言うときは「受け売りですが」という言葉を加えて、他人の意見として言います。そして、「自分もそれに賛成ですが」ということを付け加えるのです。

ありきたりのことしか言えない人は、自分の意見に自信のない人が多いものです。自分が意見を言ったときに、反対されたらどうしよう、無視されたらどうしようということを考え、自分の意見を言わず、他の人の意見、他の人の責任にできる考えしか言いません。このような人に、人はついて来ません。表面しかものを言わないので、付き合う人も似たような人ばかりになり、広がりがありません。少しずつでいいので、自分がどう思うのか、なぜそう思うのかという自分の考えをしっかりと持つ努力をしましょう。

・・ものごとをよく観察すると「意見」が生まれる

自分の意見を持つためには、まず、**物事をよく観察すること**です。そして、「なぜそのようなことをするのか?」を考えるのです。自分の意見に対し、相手はどう考えているのかを想像します。そこに食い違いができれば、なぜそのような食い違いができるのかをさらに考えるのです。こうすれば、相手から反論されたときにも、すぐにさらなる反論ができるでしょう。

ありきたりなことしか言えない人は、すぐに飽きられてしまいます。一方、お互いが楽しく議論できる相手は、生涯付き合いたいと思える友になります。

人は、独自の意見を言う人にこそ魅力を感じる

03 たくさんの「顔」を持とう

物の見方はひとつじゃない

物事には多面性があり、様々な要素が絡まり合っています。

ひとつの視点で割り切って考えると、すぐに他の視点から反論を受けます。まじめな人は自分の考えが一番だと考えていますので、反論されると、考えをけなされたと感じ、怒り出してしまうのです。これは大きな誤りです。

自分の考えをつくる段階でもっと迷うことが大切です。行動には、プラス面がある代わりに、マイナス面もあるのです。

たとえば、「ちゃんと会社に勤めなさいよ」と、フリーターを非難する人がいます。しかし会社に勤めると、経済的に安定する一方で、時間は拘束され、嫌な人とも付き合わなければならない面もあります。

他に、人を話題にするときも、「優しくて、面倒見のいい人」と考える人もいれば、「優柔不断で、お節介な人」という見方もできるのです。

自分の見方は絶対ではありません。いろいろな見方ができることを意識して、自分の考えを決めようとするときは、どんな見方ができるのかをいろいろと探ってください。

いろいろな立場になって考えることで、考えも深くなりますし、視野も広がります。**あらかじめ反論があることを想定し、準備していれば、相手から反論されても、皮肉を言われても落ち着いて対応できるものです。**

ポイント

自分の考えを決めるときは、どんな見方ができるのかいろいろ探ろう

04

雑談の内容を記録しておこう

雑談は相手とさらに親しくなるきっかけになる

私は、雑談の内容を記憶するだけでも、その話し相手を裸にすることができるのではないかと考えています。すべてを記憶することは無理でも、大切な相手、大切な事柄を間違いなく記憶し、また、記録しておくのです。

子どもの頃の思い出話を話したら、出身がどこで、家庭環境がどのようなもので、何年頃の生まれだということが、わかるでしょう。

休みの日の過ごし方を聞くだけでも、家族関係や生活レベル、食べ物の好みまでわかるかもしれません。子どもと遊んだという話をすれば、親と遊ぶことで、子どもが何歳くらいかがわかります。休みの日は飲んで過ごしたということを話していれば、酒好きで、ひょっとしたら家族の面倒を見ない人かもしれないということがわかるのです。

聞いたことは、ノートに書き留めたり、名刺にメモ代わりに書いておくと、次回会うときに参考になります。また、メモをすることを習慣にすると、メモをしなくても記憶できるようになります。

このように、会話の中で出てくる話題を記憶していると、その方のいろいろなことがわかります。

プレゼントを相手の好みに合わせて選ぶのと同じです。苦手な食事をご馳走されても、相手にとっては迷惑なように、会話でも、大切な人と会話をするときは、十分に注意して、話の内容を記憶しておきましょう。

さらに親しくなるために雑談の内容は記録しておこう

05 初対面の人と話をした後は必ずアクションを！

メール、手紙、年賀状も活かし方しだい

はじめて会った人と名刺を交換したら、メールアドレスを確認してください。そして、まずはメールを送ります。

メールの内容は、会ったことへのお礼でもいいですし、話の内容に興味を持ったということでもいいでしょう。会社のホームページが載っていれば、それを見て、自分との接点を書くのも効果的です。とにかく、面会後にまず一通、メールを送っておきます。

場合によっては、自社の展示会の案内や、パンフレットを送ってもいいでし

ょう。そして少なくとも、その年に名刺を交換した人には、年賀状を送ります。会合などで出会ったときは、仕事の話しかしないことが多いですが、年賀状には、個人的なことや人生訓、信条など、その人の心の中を推察できるような内容が書いてあるからです。

年賀状は無視できない

年賀状は、人間関係を深めるという意味で、貴重な機会です。ですが、人間関係を維持するという、もうひとつの役割があります。

年賀状を書かないで、メールであいさつをする人も多くなりました。メールが決して悪いと言っているのではありません。ただ、**メールは無視できても、年賀状は無視できない**ということなのです。

メールが100通きたら、95通は無視するか、読まないで消去してしまいます。しかし年賀状は、もらったら、出さなかったなと意識するものなのです。

私も、ある役職にいたときは、5000通を出していました。来る年賀状は

1000通でした。仕事上のものが大部分でしたから、年賀状が来なくても気になりませんでしたが、あいさつに伺うと、年賀状をいただいたのに出さなくてすみませんと謝られることが多かったのです。つまり年賀状は、相手に心理的な負担を与えることができるのです。自分をアピールする必要がある人には、年賀状を出し続けることが不可欠なのです。

身近なツールを使うだけで、人間関係を維持し、さらに広げることができます。**出会いのきっかけがありながら、人間関係が広がらないのは、人間関係を維持、広げることの努力を怠っているからとも言えます**。ぜひふだんの行動を一度、見直してみてください。今日から始められることがきっとあるはずです。

自分をアピールしたいなら年賀状を出し続けよう

06

人脈はこうして広げよう

古くからの友人、知人と会う機会を大切にする

人脈を広げるときにはまず、昔から付き合いのある人との人間関係を確認することから始めてください。付き合いの続いている人脈もあるでしょうし、付き合いがとぎれている人脈もあるでしょう。新しい人脈を開拓するのには時間がかかりますので、まずは今ある人脈を活用するのです。

場合によると、名簿には載っていても、顔が思い出せないという人もいるでしょう。年賀状だけやりとりしていても、10年以上話していないという人もいるものです。しかし、何らかの形で名簿に載っている人は、人間関係を復活さ

せられる可能性があるのです。

生命保険会社に入社すると、「普段お付き合いをしている人の名前を書いてください」と名前を書かせる会社もあります。今のようにインターネットが普及していない頃は、顔と名前が一致している人は多いものでした。しかし、現在のように、ネット上で会話できるようになると、人との接触は限定的ですから、顔を知っていることも少ないかもしれません。

少なくとも、名簿を見れば、名前がわかるということは、人脈を広げるのに好都合です。付き合いが続いている人は、人脈の中に入れてもいいのですが、まずは相手が何歳くらいで、何の仕事をしているかを確認してください。年齢にこだわるのは、社会的な影響力が関係してくるからです。

サラリーマンですと、大部分の人は、50代半ばで会社の中での影響力を失います。まして、定年を迎えたら、会社の中での影響力はほとんど期待できません。また、20代のように若すぎても、影響力は小さいでしょう。

あなたに今必要な人脈はどこにあるのか、意識しながら過ごすだけでも、人間関係の幅が広がっていくはずです。

人脈を広げたいなら、今ある人脈を整理しよう

07 自分の得意な部分は伸ばし、不得意な部分は人に頼ろう

誰もが何かの専門家

専門的な仕事が重要視されている今、専門分野については、自分より優れた人がいるという事実を認めることが必要です。

会社に新卒として入社すると、いろいろな仕事を任されます。総合力を高める機会にも恵まれていますが、それでもやはり、専門家の領域に到達するのは難しいものです。

わかりやすい例として、ＩＴ処理能力があります。

仕事でベテランになればなるほど、総合的には能力が上がりますが、パソコ

ンを使った処理能力だけは若い人のほうが得意なケースが多く、負けを認めざるを得ないでしょう。

時代の変化によって仕事のやり方が変わり、新しい感覚でないと対応できないことも多くあります。

ところが会社の上司の中には、負けを認めない人が多いものです。若い人が優れていることに対しても、経験不足を理由にやらせようとしないのです。

また、逆もしかりです。若い人も、自分が行っていることをうまく主張できないために、自分の優位性を認めてもらえないでいることもあります。

陰でこそこそと愚痴を言っているだけでなく、**自分が主張すべきところは主張し、負けを認めるべきところは認めるという姿勢が大切です**。そうなれば、自分が負けを認める相手に、素直に頭を下げ、教えを乞いに行くことができるようになるからです。

経験や年数が足かせとなって負けを認められないために、相手への尊敬の念が薄れ、教えるのが当然だという態度になります。こうなると、人から知識や情報を得られるチャンスを失うことになり、寂しいことになります。

自分が主張すべきところは主張し、
負けを認めるべきところは認めよう

「会う」ことを間接的に連想させる言葉を伝える

負担にならない程度に伝える

同行したいことを、さりげなく伝える

方向性の誤りなど、うまくいっていないという含みを持たせる

手放しで喜べず、満足した状態ではないことを暗に示す

「このままの方法ではよくない」ことを言い換える

「平常心でベストを尽くすこと」を柔らかく伝える

相手をリラックスさせると同時に、信頼しているニュアンスで

ポジティブな言葉で、温かく見守っていることを伝える

会話がはずむ人がやっている **伝え方**

「会いたい」気持ちをライトに伝える言葉

「近々お話しできればと思います」 ⇨

「お目にかかれることを楽しみにしています」 ⇨

「ぜひ、ご一緒させてください」 ⇨

不満をさりげなく伝える言葉

「意図した内容と若干違ってきましたね」 ⇨

「このままだと何かが足りないようですね」 ⇨

「何か別の方法はありませんか？」 ⇨

やんわりと期待を伝える言葉

「いつも通りやっていただければ、
大丈夫です」 ⇨

「あなたにお任せすると、安心して
見ていられますよ」 ⇨

「できあがるのを、楽しみにしています」 ⇨

おわりに

会話の上手・下手は、その人の人生を左右します。会話が上手な人は、人に好かれ、誰にでも歓迎されるからです。人間関係も豊かになり、協力者も多いので、仕事もうまくいくようになります。

逆に、会話が下手な人は、人付き合いが悪く、人間関係にも苦労します。協力者も少なく、一人で苦労を背負い込むことになります。

では、会話の上手・下手は生まれつきなのでしょうか。

そんなことはありません。意識的な訓練がなされているか、いないかです。

もちろん、それまでの環境による影響も大きいのですが、大人になってから訓練しても、十分に取り戻せることがわかっています。

会話の上手な人が身近にいたら、その人を観察してください。どんな相手に、どんな話題を出しているのか、「話す」と「聞く」の割合はどうか、相手に反論されたときの対応はどのようにしているか、といったことを盗むわけです。そのうえで、マネをしてみるわけです。

私も講演のときは、先輩の話を分析して勉強することがあります。冒頭でどのような話題を出しているか、本題に入るときのつなぎの言葉はどのようなものを使っているか、理論的なことを話すときとそれを裏づける事例の出し方はどうしているか、時間配分はどのようにしているかなど、講演そのものを時系列に分析してみるわけです。そして、それを基にして、自分の事例に差し替えて、自分の講演原稿を作るのです。そのうえで、練習をくり返し、本番に臨みます。まずは、マネから入ることが近道なのです。

本書を通じて会話に臨むときの意識が変わり、みなさんの会話が上手になることを信じています。

2016年3月

大畠常靖

大畠常靖 *Tsuneyasu Ohata*

ヒューマンウェア研究所所長。

1938年東京都生まれ。三井生命保険入社後、営業管理職を経て、話力研究所に入所。専属インストラクターとして主に話力講師、接遇講師を担当。同社副社長を経て、1993年ヒューマンウェア研究所を設立。「話し方」を理論化し、実践的なコミュニケーション力の向上のために日々尽力している。

企業を中心とした営業研修、プレゼンテーション研修、管理職研修、および企業内講師の育成指導、話し方講師として講演、セミナー等で幅広く活躍している。

著書に『通勤大学基礎コース　「話し方」の技術』、『通勤大学基礎コース　相談の技術』、『「モノの言い方」上達BOOK』（以上総合法令出版）、『「一緒にいたい」と思われる会話術』（サンマーク出版）、『たったひと言でうまくいく！　キラーフレーズ仕事術』（あさ出版）などがある。

誰とでも10秒でうちとける　話し方教室

2016年3月7日　初版発行

著　者　大畠常靖
発行者　野村直克
発行所　総合法令出版株式会社
〒103-0001　東京都中央区日本橋小伝馬町15-18
ユニゾ小伝馬町ビル9階
電話　03-5623-5121
印刷・製本　中央精版印刷株式会社

ISBN 978-4-86280-493-8
総合法令出版ホームページ　http://www.horei.com/